戒臺寺

愛新覺羅毓嶦 題

门头沟文化

MENTOUGOU CULTURE

北京市门头沟区文化旅游系列丛书之一

莲华世界

妙有法師榮膺北京市戒臺寺住持 誌慶

公元二〇一二年二月八日北京市佛教協會 傳印偕全體同寅恭賀

中国佛教协会会长传印题辞

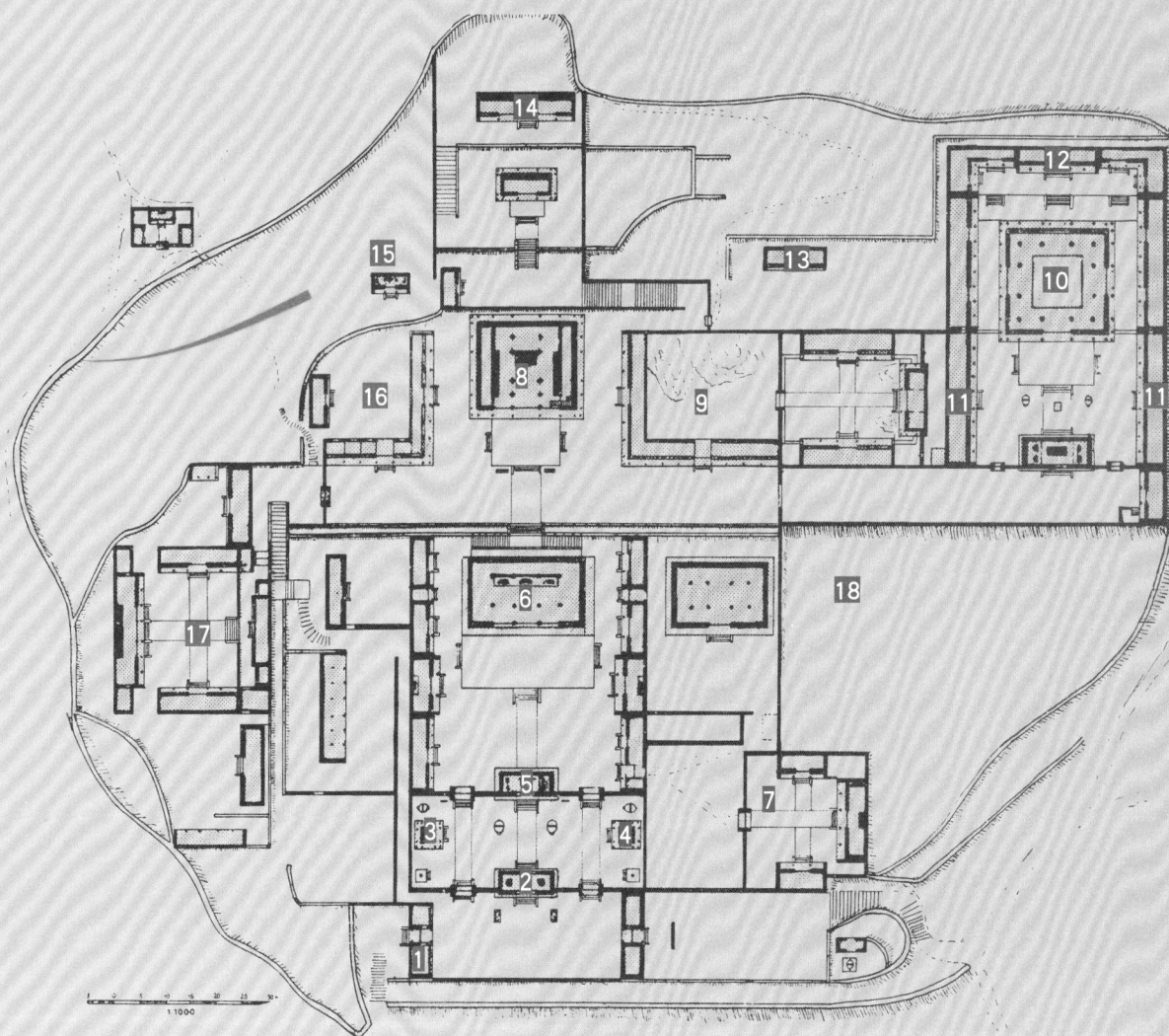

戒台寺平面图

1.寺门 　　　5.天王殿 　　　9.牡丹院 　　　13.五显财神殿 　　　17.方丈院

2.山门殿 　　6.大雄宝殿 　　10.戒台大殿 　　14.观音殿 　　　　18.后花园

3.钟楼 　　　7.地藏院 　　　11.五百罗汉堂 　15.上院

4.鼓楼 　　　8.千佛阁 　　　12.大悲殿 　　　16.下院

序

戒台寺是中国佛教重点寺院，位于北京市西郊马鞍山上，西靠极乐峰，南倚六国岭，北对石龙山，东连平原。寺院坐西朝东，海拔300余米，占地面积4.4公顷，建筑面积8392平方米。殿堂随山势高低而建，错落有致。建筑以明清风格为主，遗留有许多辽代的建筑特征，是北京地区保留辽代风格和遗迹最多的古建筑群之一。

戒台寺又称戒坛寺，在南北朝末期或隋代初期（公元570－600年）称慧聚寺。辽时住持法均被道宗敕赐《大乘三聚戒本》，成为律宗领袖。明英宗皇帝赐名万寿禅寺。因寺内建有全国最大的戒坛，民间通称戒坛寺。清代乾隆皇帝于乾隆十八年（公元1753年）到寺进香时，曾作《戒台六韵》，因而又有戒台寺之称。戒台寺在中国佛教史上占有重要的地位。寺内戒坛可以授佛门最高等级的戒律菩萨戒，是中国佛教的最高授戒寺院之一。又因其曾持有辽道宗皇帝亲笔抄写的金字《大乘三聚戒本》，在辽代成为北方律宗

中心。戒台寺自辽代修建戒坛以来，一直受到历代朝廷的重视，多位皇帝到此进香礼佛，很多住持由皇帝亲自选派，还有不少名僧被委以各种官职。特别是自明代起，戒台寺开坛授戒必须要有皇帝的敕谕，被直接置于朝廷的管理之下。

戒台寺历来以"戒坛、奇松、古洞"而著称于世。寺内戒坛肇建于辽咸雍五年（公元1069年），与福建泉州开元寺、浙江杭州昭庆寺的戒坛共称"全国三大戒坛"。其戒坛规模又居三座戒坛之首，故有"天下第一坛"之称。戒台寺古树名花众多，特别是古松天下闻名。早在明清时期，"十大奇松"就已名满京城。戒台寺后山为石灰岩构造，亿万年来在雨水的侵蚀下，形成了许多天然溶洞。部分溶洞被信众修整为石窟寺，成为北京地区最密集的一处石窟寺群。

戒台寺自创建以来，从辽代开始进入兴盛时期，或由朝廷拨款，或由僧人募资，对寺院进行了多次整修和扩建。中华人民共和国成立以后，1957年10月28日，北京市政府公布戒台寺为第一批重点文物保护单位。1980年，北京市政府对戒台寺进行了大规模的整修。1982年12月25日正式对外开放，戒台寺又重新恢复了生机。

为了全面展示戒台寺历史文化，我们组织编辑出版《戒台寺》一书，相信本书的出版，不仅将会促进戒台寺文化的传播和光大，同时也有利于戒台寺文化的建设。在此我谨代表戒台寺向为本书出版付出辛勤劳动的善信，表示衷心的感谢。

戒台寺住持　妙有

2016年7月28日

历史沿革

戒台寺始建年代据《续高僧传》记载，南北朝末期或隋代初年（公元570－600年）称慧聚寺，高僧智周在此隐居修行，对戒台寺以后的发展起到了开拓性的作用，因而被后世奉为"开山祖师"。

唐会昌年间，唐武宗在全国排毁佛教，慧聚寺也因此而荒废。这种情况一直持续了200多年。直到辽代，慧聚寺重又复兴，并开始步入了辉煌时期。

辽代是戒台寺历史上的鼎盛时期。辽咸雍六年（公元1070年）十二月，辽道宗召见法均，封其为"崇禄大夫守司空"，并授予自己亲手抄写的金字《大乘三聚戒本》。该戒本被佛教界公认为是律宗正统代表的信物，从此御制戒本就成了戒台寺住持历代相传的"镇寺之宝"，同时也奠定了戒台寺作为我国北方佛教最高传法寺院和律宗圣地的崇高地位。法均圆寂后，御制戒本传给了弟子裕窥，朝廷封其为"检校太尉"。第三任住持坛主悟敏"主大道场凡二十有二年"，辽天庆九年（公元1119年），天祚皇帝召见悟敏，赐其紫色袈裟，并赐德号"传戒大师"。

金代，戒台寺依然香火鼎盛，其住持高僧大多继续保持着律宗领袖的崇高地位。第四代住持坛主悟铢继续开坛演戒，弘扬佛法。受到金熙宗召见，赐紫色袈裟，并赐德号"传菩萨戒文悟大师"。元代以后，宗派合流，禅宗在戒台寺悄悄兴起，月泉新公长老在此修行，称为"大都鞍山慧聚禅寺"。后来，戒台寺世代相传的"镇寺之宝"《大乘三聚戒本》被传授到了寺外，由宝集寺的志玄和尚得去，从此戒台寺失去了律宗领袖地位。但因建有全国最大的戒坛，可以授佛门的最高戒律菩萨戒，戒台寺依然是北方佛教的最高传法寺院之一。元代末期，由于战乱，戒台寺受到了极大的损伤，几近荒废。

明代是戒台寺历史上的一个重要时期。由皇室出资，先后进行了多次大规模整修和扩建，最终形成了现在的格局。明代，朝廷把戒台寺直接置于皇家控制之下，历任住持坛主由皇帝亲自选派，并大多委以僧录司的官职，寺内开坛授戒必须持有皇帝的敕谕。

明正统元年（公元1436年），英宗皇帝召戒台寺住持知幻进宫，授以僧录司左讲经之职。明正统五年（公元1440年），英宗为戒台寺亲题寺额"万寿禅寺"，命知幻在戒台寺开坛演戒，并钦命无际、大方等10名高僧为传戒宗师。

清代是戒台寺历史上的又一个辉煌时期。康熙皇帝和乾隆皇帝多次来寺进香，并赏银赐物，题写匾联，对繁荣戒台寺的香火起到了很大的作用。

清康熙二十四年（公元1685年），康熙皇帝巡视西山，驻跸戒台寺。他看到马鞍山一带有人采石挖煤，便亲笔撰写了《御制万寿寺戒坛碑记》，明令禁止采煤，保护戒台寺，并镌刻成碑，立于山门殿前。此外，康熙还为寺内主要殿堂题写了多幅匾额和楹联。

乾隆皇帝于清乾隆十八年（公元1753年）、二十九年（公元1764年）、四十四年（公元1779年）、五十三年（公元1788年），先后多次到戒台寺进香、游幸、驻跸，并赏银赐物，题写了多处匾联和诗词，著名的《咏活动松》三首诗镌刻在碣石上并立于活动松前。

民国初年，戒台寺依然香火繁盛，北洋政府要员张勋、张作霖、袁世凯、曹汝霖、陆宗舆、徐世昌等先后来寺进香、游玩。

1921年，徐世昌来寺进香，效法明宪宗和清世祖，题写了《戒坛寺碑文》，明令对戒台寺进行保护。

进入"20世纪"30年代，由于连年战乱，戒台寺迅速地衰落了，日本侵略军曾在这里驻扎军队，后来又两次遭到土匪抢劫，几成废寺。

1980年，北京市政府对戒台寺进行了大规模整修。

1982年12月25日正式对外开放。

目　录

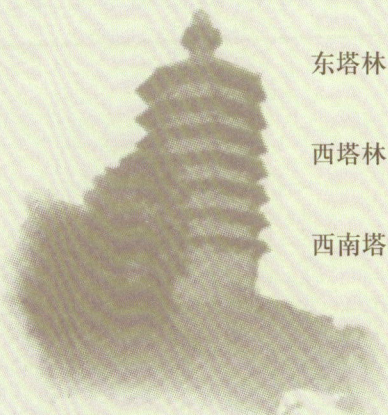

第 一 章

寺

戒台寺坐落在马鞍山上，坐西朝东，依山而建，西高东低，错落有致。这种"朝日"的建筑格局奠定于辽代，当时的统治者契丹族为北方游牧民族，以东方为上，崇尚太阳。重建戒台寺时，建筑上仍保留了这种风俗。寺内布局分南北两条轴线，南轴线为寺内主要殿堂，北轴线由地藏院和戒坛院两部分组成。

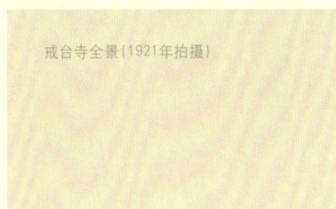

戒台寺全景（1921年拍摄）

寺 门

戒台寺

4

1-1

1-2

　　戒台寺的寺门与其他寺庙不同，戒台寺没有正门，而是在山门殿外圈起了一个小院，在小院的两侧各建有一座配门，即南配门和北配门。山门殿原来是寺院的正门，坐西朝东，明代重修戒台寺后，按照汉族人喜欢的四合院式的格局，依照先天八卦，认为东南方是吉位，宜开大门，故而在山门殿前圈起一个小院，把南配门变成寺院的大门。这种独特的建筑形式在北京地区其他寺庙是见不到的。

　　南配门现在是戒台寺的主要入口处，这是三间南房，硬山式，中间是一间大门，为金柱大门，两侧各有倒座一间。大门的门额上挂有"万寿戒台禅寺"金字匾额，这是后来根据历史配置的。北配门位于山门殿小院的北侧，建筑形式与南配门相同。

　　北配门通往钟亭院，在钟亭院的北侧另有一座北门，通往寺外，由于门外坡度较大，不便于日常使用，因而现在只作为太平门备用。

进入南配门后，见到的第一重殿宇是山门殿。山门殿坐西朝东，两侧与院墙相连，其左右两侧的院墙还各开有一座旁门。根据其建筑形式来看，这才是戒台寺原来的正门。进入正门后，即为戒台寺的建筑群。戒台寺的建筑格局也十分特别，整座建筑群没有一条中心主轴线，而是分为南北两条轴线。南轴线上的建筑有山门殿、天王殿、大雄宝殿、千佛阁、观音殿，以及两侧附属的上下二院、南北二宫、九仙殿、娘娘殿、老爷殿、真武殿、方丈院、大伙房等。北轴线上的主要建筑有钟亭院、地藏院、明王殿、戒坛大殿、大悲殿、五百罗汉堂等。这种南北两条轴线的建筑形式，显然也是因不断扩建而形成的。

在山门殿的前面，有一株古老的国槐，是辽代咸雍年间法均大师亲手所植，虽然已近千岁，但至今仍生机盎然。在山门殿前左右两侧分列一对石狮子，用汉白玉雕刻而成，造型古朴生动，十分精美。这对石狮子是清代的作品，石匠名叫实山，在雕造这对狮子时，每凿一钻，就念一声佛，对佛十分虔诚。完工之后，实山在戒台寺受戒，出家为僧，他发下了一个大誓愿，十年不开

山门殿

口说话，以忏悔自已过去的罪过。十年之誓圆满之后，实山外出，遍游天下名山古刹，后来又回到戒台寺，人称实山上人。他常年无论冬夏，只穿一件千缝百补的破衲衣，头发长的可以绕在手臂上，十分清苦。清光绪十一年五月十一日，实山上人圆寂，享年七十三岁。恭亲王奕訢的次子载滢对此事深感赞叹。曾写诗赞曰："工

捶持苦行，一悟万缘安，改业修心易，多年不语难。名山飞锡遍，古洞抱云寒，白发归清净，真如证涅槃"。

殿前北侧有一座高大的盘龙石碑，雕刻十分精美，下面驮碑赑屃的头尾已被砸掉，这是文革给这座古刹打下的印迹。这块石碑就是清太祖康熙皇帝撰文的《万寿戒坛碑记》，御碑正面左侧是满文，右侧是楷书汉文，字体工整，

字迹清晰，保存的相当完好。在小院北侧的北配门前面，有两棵高大的白玉兰树，花开时节，硕大雪白的玉兰花绽满枝头，馨香满园。小院的东侧是台基的边缘，建有汉白玉石栏杆。整个小院布局严谨，十分和谐。

山门殿为单檐庑殿式，三间开，青灰筒子瓦覆顶，四角挂有风铃，门额上挂有"山门殿"三个大字的斗子

1—3

1—4

1—5

匾，殿内前后贯通，中间为通道，左右两侧各立有一尊泥制彩绘的护法神塑像，一为密执金刚，一为那罗延金刚，俗称"哼哈二将"。这两尊护法神像雕塑工艺水平比较高。兼备有南北两派雕塑的特点，既有北派的雄伟健壮，造型生动，又有南派的精细入微，形象传神的特点，堪称是此类塑像中的杰作。

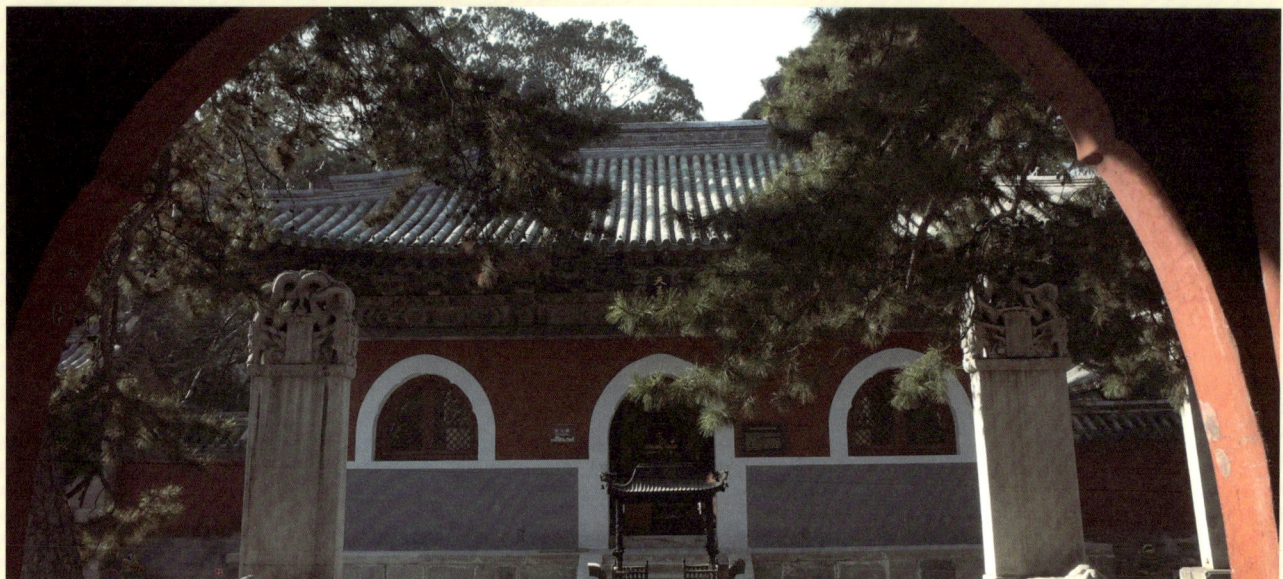

天王殿

天王殿在山门殿的后面，院内古松参天，浓荫遮地，著名的龙凤松就生长在这里。殿前两侧共立有六块石碑。四块明代的，一块清代的，还有一块是民国时期立的，字体分为楷隶两种，雕刻精美，其中最著名的就是明成化年间的明宪宗"敕谕碑"。院内两侧分立着钟鼓二楼和两个新建的汉白玉盘龙旗幡杆。

天王殿为单檐庑殿式，三间开，顶上覆以绿色琉璃瓦。大殿的前额上挂有上写"天王殿"三个大字的斗字金匾，此乃康熙皇帝御笔亲题。殿内正中供有木雕漆金的弥勒坐像，其背后为护法韦驮立像，两侧是泥塑彩绘的四大金刚。

据佛经上讲，弥勒为佛祖释迦牟尼的继承人，是未来佛，现在所供的这尊"大肚弥勒"是五代后梁时，浙江奉化人契此和尚的形象。据《宋高僧传》载，弥勒佛在五代后梁时，化身为矮胖的契此和尚，他身背布袋，面带笑容，游戏人间，扶危救难，因而世人又称其为"笑和尚""布袋和尚"，从宋代以后，人们就将大肚弥勒放在天王殿中供奉了。

1-7

1-8

1-9

1-10

　　护法韦驮名叫韦琨，又名韦驮天，是四大天王手下三十二神将之首。释迦牟尼涅槃之后，他负责保护佛舍利，因而后来所有的寺庙都把它放在天王殿弥勒佛的背后，使其面对大雄宝殿，日夜忠实地保卫着佛祖。

　　四大天王是天下四大部州的保护神。白脸的是东方持国天王毗留博叉，他以慈悲为怀，护持国土，他手持琵琶保护着东胜神州人民；蓝脸的是南方增长天王毗琉璃，他能传令众生，增长善根，护持佛法，他手持宝剑保护着南瞻部州人民；红脸的是西方广目天王提多罗吒，他能以净眼随时观察世界，护持人民，他臂缠青龙保护着西贺牛洲；绿脸的是北方多闻天王毗沙门，因管福德而名播四方，他右手持宝幡，左手持银鼠，保护着

北俱卢州。四大天王本是来自印度的佛教护法神，佛教传入中国后，逐渐被汉化。我国民间将四大天王象征着"风调雨顺"的意义，表达了中华民族国泰民安的美好愿望。

钟楼位于天王殿前右侧，创建于明正统十一年（公元 1447 年），建筑为歇山顶楼阁式双层檐，建筑面积 52.78 平方米。钟楼内有一口明正统年间铸的青铜大钟。钟楼与鼓楼一起成为寺院"晨钟暮鼓"的场所。

1—11

钟楼
鼓楼
大雄宝殿

鼓楼位于天王殿前左侧，创建于明正统十一年（公元 1447 年），建筑为歇山顶楼阁式双层檐，建筑面积 52.78 平方米。鼓楼内原来的大鼓已不复存在，现在的大鼓是 2007 年初制作的。

1—12

大雄宝殿位于天王殿的后面，坐落在高近两米的月台之上，殿前原有两口铜铸的大缸，称为太平缸，缸内注满清水，作为防火之用。在正门前原有一座巨型的铁质焚香炉，铸于明代嘉靖年间，重达4500千克，炉上的铭文为"御马太监安发诚心施财命造大铁炉鼎一座"，炉身上铸有35个佛号，这位御马太监名叫薛宝。铁焚

香炉和太平缸都于文革期间失落，后来仅找回太平缸一口，安放在月台正中的通道上，后来移至千佛阁遗址的台基上。太平缸高1米有余，直径达1.5米以上，造型古朴浑厚。殿前原来还有一口大铜钟，是戒台寺的成坚和尚与其父王辉，母张聪出资铸造，铸匠为赵登、罗英。减撒匠为王清、王俊。

大雄宝殿面阔五间，进

深三间，硬山式，殿顶覆以绿色琉璃瓦。在正门的前额高悬着清代乾隆皇帝手书"莲界香林"四个漆金大字的雕龙横匾。原来这里还挂有清康熙皇帝所题"般若无照"的匾额，楹柱上有"禅心似镜留明月，松韵如篁振舞风"的楹联，也是康熙御笔，今均已不存。

在殿内顶上有三个木雕藻井，罩在三尊铜佛的上方，

1—13

1—14

1—15

藻井上圆下方，象征着天圆地方，井内穹顶上各雕着一条张嘴鼓须的团龙，俯视着下方，这种造型叫作"天龙护顶"。在汉白玉雕刻的须弥座上供奉着明代铸造的铜质横三世佛，正中为释迦牟尼佛，左侧为阿弥陀佛，右侧是药师佛。佛像均高3.2米，重量为5000千克。

释迦牟尼佛是婆娑世界教主，"婆娑"是梵语，意

为"堪忍"，因而又称"堪忍世界"，即我们所生活的现实世界，表示在现实世界中充满了不堪忍受的苦难，众生罪孽深重，佛在这个世界堪忍劳累，进行教化，表现了无畏与慈悲。释迦牟尼佛结跏趺坐于莲台之上，呈"成道相"，其左手为"定印"，表示禅定，右手为"触地印"，表示他在成道之前的一切公德，大地可以作证。

阿弥陀佛是西方极乐世界教主，他双手叠于足上，掌中托一莲台（今已不存），表示接引众生。阿弥陀佛又称"无量寿佛"，他曾发下48愿，表示自他成佛之后，在他所管辖的世界里，没有地狱、饿鬼、畜牲，一切众生可转世到此，过不愁吃穿，没有任何苦恼，安闲自在的生活。

药师佛全称"药师琉璃光如来"，是东方净琉璃世界教主，结跏趺坐，其左手持钵盂，表示甘露，右手持药丸，表示为人世医病除疾（钵盂和药丸今已不存）。他曾发下12大愿，要满足众生的一切愿望，拔除众生的一切痛苦。

三世佛前面上有黄绫幔帐，下有供桌，桌上摆有古铜供器各一堂，即花瓶一对、烛台一对、香炉一个。

在大雄宝殿前面左右两侧各有配殿三间，左侧三间是伽蓝殿，右侧三间是祖师殿。在伽蓝殿中原供有"波斯匿王"、"祇多太子"和"给孤独长者"的塑像。据佛经上讲，波斯匿王对释迦牟尼开创佛教起了很大的支持作用，祇多太子和给孤独长者曾在舍卫城的祇园建造精舍，请释迦牟尼前去讲经布道。释迦牟尼成佛之后，封

1-16 大雄宝殿
1-17 大雄宝殿的早晨

这三位最早护持佛法的人为"僧伽蓝摩"，俗称护法伽蓝。祖师殿内原供有中国佛教禅宗祖师。配殿与大殿的建筑形式相同，均为硬山式，形成了一组风格统一的建筑群体。原来与配殿相连，两侧还各有十五间配房，分别是经室和净室，重修戒台寺时已经将部分损坏严重的配房拆除，并在大殿的南侧补砌了院墙。

1—17

千佛阁位于大雄宝殿后面的台基之上，始建于辽咸雍年间(公元1065～1074年)，明嘉靖二十五年（公元1546年）重建。千佛阁原来是寺中最宏伟的建筑。后因年久失修，其墙体向北倾斜，殿顶漏雨，被定为危险建筑，后于1965年经北京市人民委员会批准拆除，实行落地保护。

2013年3月戒台寺景区在各级政府的支持下，启动了千佛阁复建工程。2015年8月底，主体建筑和彩绘完工。戒台寺筹集善款资金400多万元，请专家按照原千佛阁内的佛像式样设计雕塑，使其恢复历史的原貌。

千佛阁宽21米，进深24米，为三重檐楼阁式木结构建筑，其殿顶采用了古建筑中最高等级的"五大脊庑殿式"，阁高30米。阁正面的门额上挂有清代乾隆皇帝手书"智光普照"的金字匾额，楹柱上有乾隆手书"金粟显神光，人天资福，琉璃开净域，色相凭参"的楹联。

阁内正中供有高大的卢舍那铜质佛像，两侧的砖墙镶有琉璃壁饰。阁分上下两层，在每层左右两侧各有五个大龛，每个大龛内分为28个小龛，在小龛内又分3龛，每龛内都供有一尊高10厘米的木雕佛像，全阁共计有小佛像

千佛阁

1680 尊，是名副其实的千佛阁。

沿着阁内的楼梯回旋而上，可以到达二层，二层阁外建有回廊，边缘用木栏杆围护。这里居高临下，毫无掩障，扶栏远眺，远可遥望京城，近可俯视永定河，山光水色，一览无遗，因而当年的千佛阁是最吸引游客的地方。许多文人雅士都曾在此登阁赏景，把酒临风，吟诗作赋，写下了许多赞美戒台寺美景的诗篇，

其中最著名的当属明代大学士、太子太师严嵩所作的《九日登戒台寺阁》。北京市民有九月初九登高的习俗，戒台寺的千佛阁是当年登高赏景的最佳去处之一。

南宫院在千佛阁的两侧为南北两座行宫，即南宫院和北宫院。南宫院曾是清代康熙、乾隆二帝来寺期间居住的地方，北宫院是王宫们住的地方。在千佛阁的前面

左右两侧分立着两座高大的石碑，左侧的一座由民国初年的大总统徐世昌撰文，右侧的一座由清末恭亲王奕訢撰文，著名的自在松和卧龙松也生长在这里。

1—19

1—20

千佛阁北面是一个两进的四合院，院落幽雅清静，自清代以来种植丁香、牡丹闻名，人们习惯地称其为牡丹院。

牡丹院始建于清代，是作为行宫建置的。清末恭亲王奕訢曾在这里留居过十余年。民国时期，这里称"西山别墅"，我国近代著名的诗、书、画大师溥心畬等曾在此居住。

牡丹院是按照北京四合院的布局，又结合江南的园林艺术修建的。

牡丹院分为里外两院：外院东、南两侧有曲尺形的回廊房屋十余间，西侧借山势堆石植树，形成独特的格局，看来令人趣味盎然。一进院门是一座太湖石堆砌的花坛影壁，游人绕过影壁方能进入油彩华丽的垂花门，来到花草繁茂的方形内院。

内院四周游廊环绕，院中牡丹争艳，丁香吐芳，春夏时节的牡丹院是一个仙境般的地方。据史籍记载，牡丹院内还曾有过名贵的绿牡丹和黄牡丹。

牡丹院有北房五间，东、西厢房各三间，现已辟为园林式旅馆。如有兴致，可留住戒台寺，每逢清晨，伫立窗前，窗玻璃上会框出一幅幅风景画：有高耸的戒坛大

牡丹院

1-21 白牡丹

1-22 牡丹院内的影壁

1-23 恭亲王奕訢

1-21

1-22

殿宝顶，有院中的芍药牡丹，也有自然天成的太湖石影壁。这正是我国园林建筑艺术中"借景"与"框景"手法的绝妙之处。

奕訢是清宣宗（道光）皇帝第六子，生于清道光十二年（公元 1833 年），逝于光绪二十四年（公元 1898 年）。清宣宗遗诏封为恭亲王，曾担任过正红旗族长、宗人府宗令、军机大臣，奕訢是中国近代史上的一个重要人物。1860 年，英法联军攻占天津，逼近北京，吓得咸丰皇帝慌忙逃往承德避暑山庄，临时任命奕訢为议和大臣，留守北京，与英法联军进行谈判，"全权处理，便宜行事"。此后奕訢就主管了总理各国事务衙门，专门负责外交，处理洋务。由于他的"师夷"思想受到"外夷"的欣赏，国人斥之为"媚外"并称之为"鬼子六"。但他在与洋人打交道的过程中，接受西方现代文明，产生了富国强兵的思想，曾支持曾国藩、左宗棠、李鸿章、张之洞等人开办军事工业和现代工业。咸丰皇帝死后，奕訢帮助慈禧太后发动了"辛酉政变"，铲除了肃顺为首的顾命八大臣，使慈禧得以垂帘听政、掌握政权。慈禧为了巩固自己的地位，对奕訢备加笼络，授以议政王、军机处行走、内务府大臣，管理神机营，总司清东陵钦工收发款项事宜等多项重要职务，并且"赏双王双俸"，成为朝中"一人之下，万万人之上"的炙手可热的人物。

慈禧地位稳固之后，认为奕訢权势过重，掌管经济、军事、外交和财政，头脑又很灵活，对自己的独裁统治不利。清同治四年（公元 1865 年）三月，慈禧以奕訢"信任亲戚，内廷召对时有不检"为借口，罢免了其议政王职务。戒台寺住持妙性大师是奕訢好友，为避政治风雨，奕訢以养病为由，举家于光绪十年来到这座风景秀丽的千年古刹。

在千佛阁的北侧，有一座两进的四合院，是戒台寺最美的地方之一，称为北宫院。当年康熙、乾隆等皇帝来戒台寺游玩均曾居住于此，奕訢在戒台寺的 10 年间也住在这里。

北宫院又称牡丹院，坐北朝南，分两重院落，中间以垂花门相连。建筑风格是北京四合院与江南园林艺术的巧妙结合，既有北方四合院的古朴又有南方园林的秀美。

迎门是一座用太湖石叠砌而成的大影壁，西面没有房，而是借山势叠石为景，上面种植松树花草。东南面有十余间带回廊的房屋。影壁后面有一棵大桑树，替整个外院遮挡住了阳光。外院是奕訢的侍从们住的地方，也是客人等候休息的地方。

里院与外院间有一通道，由一座垂花门相连，油漆彩绘，门额上挂有光绪十七年奕訢手书"慧聚堂"

匾额。戒台寺原名"慧聚寺"，奕訢把自己居住的北宫院改名慧聚堂，颇有些怀古幽情。

里院北、西、东三面有房屋，南面垂花门连接十余间房屋，回廊相连，雕梁画栋，挂有宫灯。正房的前面，甬道两侧，用太湖石堆成两座假山，整座院落的布局采用了房屋建筑与园林建筑、造景与借景相结合的巧妙构思，达到了步步皆景的艺术效果。

正房5间是奕訢住所，东西两厢各有3间配房，是福晋的住处。正厅后面装有雕花木门，房后用太湖石垒成靠山影壁，点缀花草。透过正厅后面的门窗向外望去，只见以白色的围墙为底衬，奇形怪状的太湖石和花草格外醒目，构成了一幅美丽的图画，真是赏心悦目，美不胜收。

院内有各种名贵的牡丹，这些牡丹有的是当年乾隆皇帝御赐，有的引种于恭王府。花开时节，满院花团锦簇，姹紫嫣红，争芳斗艳。院内还有两株200年以上树龄的古丁香，绿荫面积数十平方米，芳香满院，沁人心脾，使整个院落成为一座名副其实的"寺中花园"。

牡丹院内清新幽雅，院外奇松怪柏、琉璃金顶交相

1-24

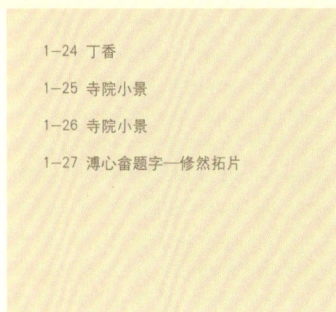

辉映、妙趣横生。在高大雄伟的殿堂之中，能有这样一座院落真是别有情趣。当年恭亲王奕訢、载滢、国画大师溥心畬、京剧大师梅兰芳都曾在这里居住过。中国美学会会长王朝闻老先生也在牡丹院住过很长一段时间，后在《北京晚报》发表连载文章，赞美牡丹院。

奕訢来戒台寺"养病"是有目的的。戒台寺离北京

1-25

戒台寺

18

30多公里，骑马半天时间就能到，居于寺中可以静观待变，京城的消息也可以很快送到。无奈慈禧大权在握，奕訢在戒台寺一住就是10年。

在观音殿台阶下南侧，有3间硬山式南房，是奕訢为自己建造的书房，每天在这里读书吟诗。他多才多艺，精通军事、经济、外交，懂外语，擅长写诗、书法等，

还信奉佛教，懂得很多佛教知识，熟读经文。他出资修缮了千佛阁、牡丹院、罗汉堂等，还用欧体书写了保护戒台寺的碑文，该碑立于千佛阁前北面。

慈禧太后见奕訢在戒台寺不问政事，每日里吟诗读书、参禅悟道、修缮庙宇、养花种草，逐渐消除了对他的猜忌之心，称他"罢不生对，用不辞劳，有纯臣之度"。

清光绪二十二年（公元1894年），日本侵略受中国保护的国家高丽，朝中大臣不知所措，当时的重臣李鸿章来戒台寺向奕訢请教。这时慈禧又想起了善于办理洋务外交的奕訢，"兵事急，太后召见"，把奕訢重又召回朝中，共商对日策略，奕訢这才得以重返政坛。

清光绪二十四年，奕訢旧病复发，病情加重，光绪

1-27

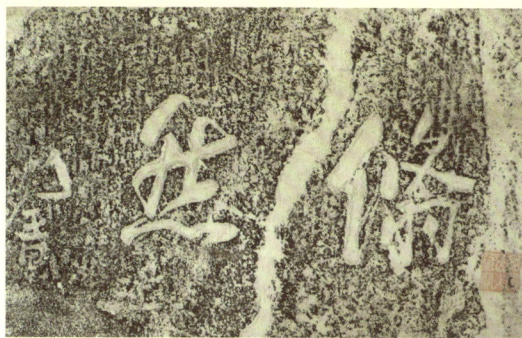

1-26

皇帝和慈禧多次到恭王府探望。四月十日，奕訢病逝，享年67岁。朝廷赐奕訢谥号"忠"，还为他选定了墓地，位于昌平翠华山的麻峪。因此，奕訢生前为自己选定的西峰寺墓地并未用上，留给了次子载滢。载滢曾于八国联军攻占北京时，带领家人来戒台寺避难，住了很长时间。他崇信佛教，对戒台寺怀有很深的感情，写了很

多有关佛教和赞美戒台寺景物、僧人的诗。如《戒台寺妙性方丈见访话旧感怀》、《清意味斋壁间挂戒坛万寿寺全图画幅忆山感旧漫成一律》、《戒坛揽胜》、《瞻礼大雄宝殿、千佛阁、大悲殿、菩萨殿、真武殿、伽蓝殿、地藏殿诸胜景》、《游黄龙洞》等。还为僧人实山上人雕凿山门石狮，虔诚写诗赞曰：

工揵持苦行，一悟万缘

安。改业修心心易，多年不语
难。名山飞锡遍，古洞抱云寒。
白发归清静，真如证涅槃。

清宣统元年（公元1909
年）八月十日，载滢病逝，
葬在了西峰寺的墓地。

辛亥革命以后，军阀混
战，天下大乱，满清皇室更
是惶惶不可终日。载滢的儿
子溥心畬号西山居士，作为
皇家子弟，他从小接受严格
的皇族传统教育。1911年

辛亥革命爆发后，随母亲项
氏到戒台寺隐居十几年，遵
母亲教诲，"积学博闻，多
下利物、济人功夫，或立言
以垂诸世"。从此"绝交游"
面壁10年，潜心研究，每
日在戒台寺读书写字，这一
时期，他几乎抄遍了家中藏
书，以及戒台寺的经卷、碑
文，获益良多。母亲去世
后，溥心畬专门作了《慈训
纂证》，记述母亲对自己的

教诲，认为没有母亲的教
诲，没有戒台寺，就没有后
来的溥心畬，来戒台寺居住
是他人生的转折点。在戒台
寺居住期间，溥心畬写字画
画，走遍了周围的山山水
水、沟沟坎坎。溥心畬写了
许多有关戒台寺及周边景观
的诗，至今在西峰寺的北面
山沟里，留有多处镌刻诗
文。其中一块巨石的南断面
上刻有行书"倚云"二字，

高19厘米，落款为"心畬"。
在其平面上刻有五言绝句一
首："云静石梁悬，花疏竹
篱短。秋雨一夜寒，山中红
叶满。"刻诗行草入笔，大
气磅礴。与该石相对2米，
又刻有一首五言绝句《趺坐
岩树间》，读后把我们带进
禅院、松林、小溪以及潜心
修禅的美好意境之中。

《趺坐岩树间》

趺坐岩树间，松下云来

往。不闻人语宣，但听钟声
响。丙辰秋月题诗，心畬。

溥心畬在戒台寺居住了13
年，直到1924年才迁回恭王府。

从清光绪十年恭亲王奕
訢"养病"戒台寺，至1924
年溥心畬迁回北京，数十年
间，他们一家三代人曾长期
居住在戒台寺，在动荡的岁
月里与这所千年古刹结下了
不解之缘。同时，在保护寺
院、繁盛香火、吸引布施、

弘扬佛教文化等方面，他们
都起到了十分重要的作用。

在南宫院西南侧有两座小院，随山势高低而建。上面的建筑叫上院，下面的建筑叫下院，原是僧舍。院内四面各有房3间，均为硬山式。门开在东北角，为圆形月亮门。

方丈院在寺院的南侧，依山而建，这是一座两进的院落，两院之间有木质水垂花门相连。外院是一排5间北房原是斋堂，与其东侧的

方丈院

1—28 上院
1—29 方丈院

1—29

伙房相连，是当年僧人吃斋的地方。

里院是方丈室，院内有几株罕见的200年树龄以上的古海棠树，整座院落在青山的衬托下，显得格外恬静典雅。

方丈院的东侧是东静室，西侧是西静室，均为四合院式建筑，院内的经室和寮房，均为硬山式。

方丈院和东西静室均远离佛殿，既没有蒸腾的香烟，又听不到喧嚣的钟鼓声和诵经声，动中取静，环境清幽，是一处修身养性的好地方。从明清以来，历代方丈和高僧都住在这里。在南大门内，有一排高大宽敞的东房，硬山式，五间开，这是后建的"戒坛饭庄"，是为了方便游客而修建的旅游服务设施，可供上百人同时进餐。

戒台寺的建筑基本上保持着明清时期的风格，殿堂房舍以硬山式为主，建有少量的庑殿式，并且有数座典型的老北京传统的小四合院式建筑，整座寺院是京西地区保存最好、规模较大的一处古建筑群。

观音殿

1-30 观音殿
1-31 幽冥钟亭

观音殿位于千佛阁遗址后面随山势而起的高台上，台基边缘围以石栏。在石栏的柱头上从北向南排列，一共雕有 17 头大石狮和 8 头幼狮。石狮子高 40 厘米，直径 20 厘米。造型不同，形态各异，雕刻细致，线条清晰，手法流畅，舒缓有致，与颐和园十七孔桥的石狮子类似。为清代恭亲王奕訢出资所建，是寺中最精美的石雕艺术品之一。上方平台上建有观音殿，观音殿为三间开，硬山式，殿内现供有一尊铜鎏金的白衣观音大士立像。其左手托净瓶，右手持柳枝，立于莲台之上。在其左侧侍立龙女，右侧侍立善才童子，在观音殿台阶下面南侧，有清恭亲王奕訢所建书房三间，硬山式。在其北侧有一座高大的金代石碑，下面有赑屃，上面有碑亭罩护，这就是记述了金代初期戒台寺住持悟敏大师生平的"传戒大师迹行碑"。石碑的右下方是真武殿，始建于明代嘉靖二十九年。明代初期，建文帝薛藩，阎王朱棣伪称有真武大帝相助，而起兵"靖难"，从其侄手中夺得皇位后，遂在北京地区广建真武殿，以示感恩。因而在戒台寺这座佛教庙宇中也供奉了道教的神仙。真武殿为三间开，硬山式，现殿中神像已不存。

在观音殿的西侧是娘娘殿和老爷殿，其南侧是九仙殿，这些殿堂始建于明代，所供奉的都是道教神圣，表现了明代所出现的"三教通融"，"佛道融合"的现象。

观音殿是全寺中地势最高的一组建筑，站在观音殿前，整座寺院尽收眼底，一览无遗，是观赏风景的好地方。

地藏院的东侧是大钟院，这是地藏院的一个组成部分，原有殿堂均已不存，仅剩下了一座大钟亭。大钟亭平面呈方形，亭面类似于房屋建筑中的卷棚式，横脊横贯南北，东西两面起坡，像这种建筑形式在亭子的建筑中是非常少见的。亭内原挂有一口高3.2米，下口直径2.2米的大铁钟，名叫幽冥钟。由于钟亭位于寺院东北角6米多高的台基边缘，背后三面环山，前方正对平原，居高临下，没有任何阻挡之处，东望京城，清晰可见，马蹄形的环山形成了一个天然的共鸣箱。当幽冥钟敲响时，声波向四面传播，南、北、西三方的声波被山所挡，将声波泛着回去，同时也经过震荡而扩大了音量，三方的声波汇合后，同时从东面的开口处冲出去，

寺

23

1—31

因而可以使钟声传得很远，据说可以一直传到30公里以外的八里庄，由此可以充分体现出我国古代建筑师和工匠对声学原理的巧妙运用以及高深的设计技能和建筑水平。

幽冥钟造于明代天顺八年，是由当时的主持僧德默和德育和尚，用当年知幻大师募化而来存留至当时的资财铸造而成的。现此钟已不存，改挂一口明景泰年间铸造的铜钟。这口铜钟原挂在戒坛大殿内，为开坛受戒时之用，后移至大钟亭。景泰铜钟高1.6米，下口直径0.9米，壁厚8厘米，钟为虹形双龙头蒲牢，钟体上铸有云纹，铭文为"大明景泰年制"，钟口为八峰波形口，这口铜钟虽然比原来的那口大铁钟要小得多，但铸造精美，工艺考究，线条流畅。

戒台寺的钟声在历史上是非常有名的，清代乾隆年间的江宁织造曹寅，即《红楼梦》的作者曹雪芹的祖父曾写过一首很有名的诗，名曰《马上望戒坛》，"白云满山谁打钟？马首西来路不逢。即此相看如一梦，因缘还欠戒坛松"。

地藏院位于后花园东侧，天王殿的北侧，前院内有两棵树龄在200年以上的古丁香，著名的莲花松也生长在这里。前院有正殿三间，硬山式，是地藏殿。据《地藏十论经》中说，这位菩萨"安忍不动犹如大地，静虑深密犹如地藏"，故名地藏。又据《地藏本愿道德经》说，地藏菩萨是释迦牟尼佛寂灭以后，未来佛弥勒降生之前，中间相聚千万年间，终生赖以救苦救难的大悲菩萨，起到了"代理佛"的作用。地藏菩萨曾在佛前发下誓愿，要"尽度六道众生，始愿成佛"。他现身于人、天、地狱之中，救苦救难，普度众生脱离苦海。地藏菩萨的形象为出家的比丘装束，结跏趺坐，右手持锡仗，表示爱护众生，也表示戒修庄严；左手持如意珠，表示要使众

地藏院

1—32 寺院小景
1—33 地藏院

生愿望得到满足。农历七月三十日是地藏菩萨诞辰，每年到了这天，戒台寺都要举行盛大的"地藏法会"，在地藏殿悬挂"十殿阎君"的画像，奏乐诵经，很多善男信女都从四面八方赶来戒台寺参加法会，为自己的先人超度亡灵，早日脱离苦海，升入极乐世界。前院东西两侧各有配殿三间，寮房各两间，后院有寮房数间，佛像均已不存，现在的地藏院是公园管理处的所在地。

后花园位于地藏院西侧。在明代以前，此处建有方丈院。后方丈院迁到寺院南侧，将这里改建为花园。辽代法均大师塔也建在这里。

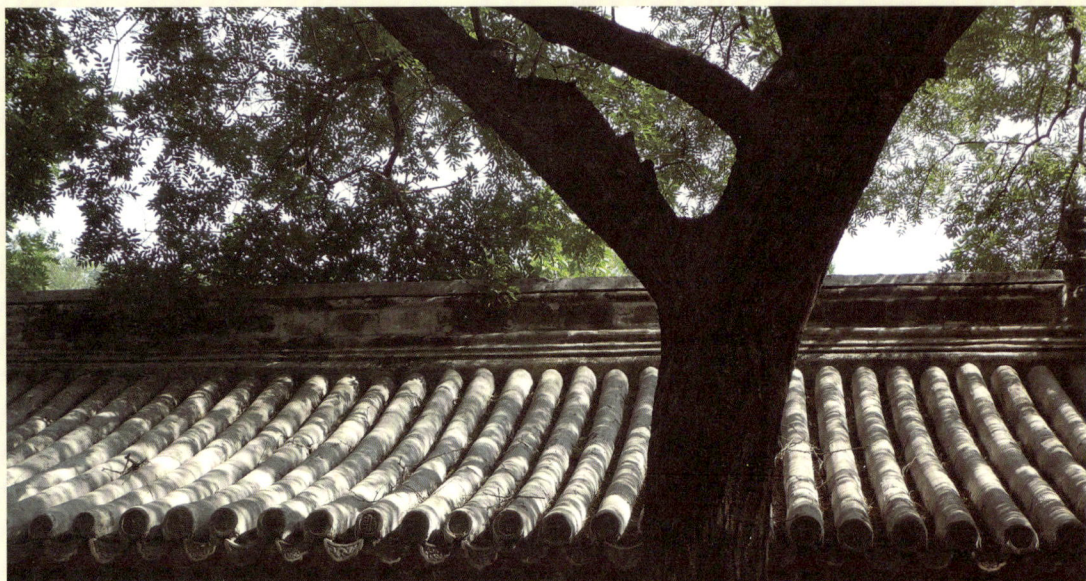

五显财神殿
五百罗汉堂

五显财神殿位于明王殿北侧，坐北朝南，面阔两间，硬山式。

中国人有供奉财神的习俗，企盼能够发财，北京地区所供奉的财神主要有文财神比干丞相，武财神赵公明以及利市财神关公，而供奉"五显财神"的却不多，因为"五显财神"出现比较晚。所谓的"五显财神"相传是五个强盗，专门杀富济贫，因而受到穷苦人的崇敬，集资修建庙宇，对他们进行奉祀，俗称"五爷庙"。传说明英宗朱祁镇在发动推翻景泰帝的"夺门之变"时，这五位财神显灵相助，英宗复辟之后，于明天顺年间（公元1458年）加封这五位为元帅，因为在每一个人的封号中都有一个"显"字，所以合称为"五显元帅"，又称"五显财神"。五位财神的塑像都是戎装，供桌上放有大大小小的金、银纸元宝。香客来此烧香布施后，可以拿几个纸元宝回家珍藏，以祈盼发财。祭祀五显财神的主要日子是正月初二。

佛门讲究苦修，当初佛祖释迦牟尼出家苦修时，每日只食一麻一麦，在佛门的戒律里也有"不蓄金银"的律条，因而佛寺一般不供奉财神的，佛教中也根本没有财神，财神是道教所供奉的神灵。而五显财神连道教神谱都未列入，只是北京地区民间所供奉的财神。戒台寺的五显财神殿始建于明英宗天顺年间，英宗皇帝是戒台寺的"大施主"，曾多次拨款维修寺院，增建殿堂。因为五显财神帮助英宗复辟成功，重登帝位，因而戒台寺修建了五显财神殿，也是对明英宗青睐戒台寺表示感谢。北京的香客组织有名为"五显财神会"的民间香会，每年正月初二都来到戒台寺的五显财神殿进香，清光绪二十五年（公元 1899 年），五显财神会捐资重修了五显财神殿。一直到了民国初期，五显财神殿的香火都很盛。

穿过明王殿进入了戒坛院，正中是戒台大殿，两侧各有 18 间配房，这就是五百罗汉堂，原供有清乾隆

三十八年（公元 1773 年）由戒台寺住持度博主持建造泥塑彩绘的五百罗汉坐像。关于五百罗汉，佛经里有各种不同的说法，得到普遍认同的有两种，一种说法认为五百罗汉是当初跟随释迦牟尼传道的五百弟子，另一种说法认为五百罗汉是指佛灭度之后，参加第一次佛门大会的五百比丘僧。中国从五代时起，开始盛行尊崇五百

1—35

罗汉的风气。建造五百罗汉堂，塑五百罗汉像是一项很宏大的工程，五百尊罗汉像要形象不同，姿势不同，表情不同，难度很大，需要有很高超的技艺。因而北京地区佛寺虽多，但塑有五百罗汉像的却并不多。已知的仅有碧云寺的五百罗汉堂、颐和园大报恩延寿寺的五百罗汉山、雍和宫法轮殿的五百罗汉山、北海小西天的五百

罗汉山、八大处长安寺的五百罗汉堂和戒台寺的五百罗汉堂。戒台寺的五百罗汉虽然不如碧云寺的那么高大，但却精美有加。

戒台寺的五百罗汉在清代光绪年间由恭亲王奕訢出资，曾进行了一次重修。清光绪十年，奕訢来到戒台寺"养疾避难"，出资整修了千佛阁和牡丹院，花了许多银子。有一天戒台寺的妙性方

丈邀请六王爷和福晋去游览戒坛院，奕訢心里明白，可能这个老和尚心里又打什么主意，想叫我出钱修那一座大殿吧，就对自己的福晋说："去的时候少说话。"进了戒坛院，看到戒坛大殿庄严雄伟，奕訢心想，这回可不用出钱了。谁知妙性方丈却把他们领进了大殿两侧的五百罗汉堂里，福晋一看，罗汉堂里破破烂烂，一尊尊的罗

汉好像刚从雨地里走出来的一般，脸上、身上一道泥，一道水的，很是寒酸。原来是罗汉堂年久失修，房顶漏雨。此时福晋不由得一阵心酸，眼泪几乎都流出来了，就把六王爷嘱咐她的话给忘了，遂问妙性方丈："这些佛像怎么都这个样子？"妙性和尚说："殿堂漏雨，本寺无钱修缮，佛爷们太惨了。今天见到了六王爷，如同见到了亲人，所以就都要哭了。"奕訢叹了一口气说："要修这座罗汉堂需要花多少银子？"妙性方丈说："没数"。奕訢说："得修几年呢？"妙性方丈回答："一年、两年、三年五年都没准儿"。奕訢说："那我可就修不起了"。妙性方丈说："今天佛爷显灵，对您流了泪，您要是不给佛爷们修好了房子，那恐怕佛爷们都会怪罪您的"。奕訢想了一想，对妙性方丈说："这么办吧，我一个人的力量有限，我再找几家王爷，让他们都出点银子，我多出点儿，一定把罗汉堂给你修好。"就这样，奕訢又整修了五百罗汉堂。

1-36 五百罗汉塑像(1921年拍摄)

1-37 大悲殿

戒台寺

28

1-36

戒坛大殿的后面是大悲殿，殿内原供有千手千眼观音像。据佛经上讲，观世音菩萨在佛前发下誓愿，要为所有众生谋利益，因而长出了千手千眼。千手表示护持众生，千眼表示观照世间，是大慈大悲的表现。其形象是除正常的两手两眼外，其左右两侧还各有20只手，手中各有一眼，共计40只手和40只眼，每只手和眼与佛家所说的"二十五有"相配，40与25相乘，即表示"千手千眼"。现在大悲殿已开辟为文物展室，展出数十件原清恭亲王在戒台寺留住期间所使用的花梨紫檀木雕家具，有桌、椅、凳、案、阁、屏风、柜等，木材珍贵，做工精美，是非民间所能见到的。

大悲殿

开坛演戒

演戒分为两个方面，一是住持坛主开坛讲经，讲解戒律；二是向僧人及未出家的佛教徒授戒。戒律分居士戒、沙弥戒、具足戒和菩萨戒几个等级和种类，戒台寺可授最高等级的菩萨戒。自明代以后，戒台寺开坛授戒必须持有皇帝的敕谕。

1-38

佛　事

1-39

浴佛法会

四月初八是佛祖释迦牟尼的生日。每年从四月初八到十五，戒台寺都要举行盛大的"浴佛法会"。每年四月初八这天，戒台寺僧人都用名香浸水，淋浴佛祖像，"天下游僧毕会，商贾辐辏"。

1-41

戒台寺

32

1-42

1-43

晾经圣会

夏季气候湿热，每年农历六月初六，戒台寺的僧人们都要把寺内珍藏的佛经典籍搬出来晾晒，同时举行盛大的法会。每到这天，数以千计的佛教徒从四面八方赶往戒台寺，瞻仰佛经，顶礼膜拜。游僧和寺僧一起诵经拜佛，各种经卷摆满了寺后的马鞍山南坡。善男信女们带来食物，上山斋僧。古刹内外，僧俗云集，梵香弥漫，经卷遍地，佛号喧天，场面十分壮观。

地藏圣会

农历七月三十日是地藏菩萨诞辰。每年这天，戒台寺都要举行盛大的佛事活动。悬挂地藏菩萨和十殿阎君的绘像，礼忏诵经，此外还要放焰口、点莲灯、焚法船、撞幽冥钟。数以千计的佛教徒前来参加法会，祈求地藏菩萨超度自己的先人早日脱离苦海，并为自己忏悔赎罪。

民间香会

辽代以来，京畿地区许多善男信女都和戒台寺结有善缘。他们自发地组织了各种香会，或捐资修缮殿宇，或舍财献地作为庙产，或礼佛进香，或斋僧还愿。他们的长年布施，是戒台寺维持日常开支的一个重要财源。

与戒台寺结有善缘的民间香会大多成立于清代。其中西直门的"广善米会"于清乾隆十六年（公元1751年）九月初一把在秋坡、王家岭、石厂等地购置的44亩田地，连同其上的果树、水井、房舍等一同捐献给了戒台寺，永作庙产。"五显财神会"于清光绪二十五年（公元1899年）捐资重修寺内的五显财神殿。顺天府大兴、宛平二县的"三元大悲会"每年都要按照节令，到戒台寺斋僧，正月十五奉供元宵，五月端阳奉供粽角，八月十五奉供月饼，每次都多达数百斤。正是在这些善男信女的长年资助下，清代的戒台寺一直财力雄厚，香火繁盛。

1-44 法会上的信众
1-45 西峰寺天王殿

西峰寺位于门头沟区永定镇苛罗陀村西沟内的李家峪。始建于唐代，原名慧聚寺，与当时马鞍山上的戒台寺同名。唐、辽、金、元时期为戒台寺圆寂僧人火化之处，元代改称圣泉寺。明正统元年（公元1436年），惜薪厂掌厂太监陶容出资重修，于明正统元年（公元1436年）二月开工，第三年六月竣工。重修后的寺院布局为：山门内为钟鼓二楼，依次为天王殿、如来宝殿、毗卢殿、后楼。在寺院的东北角为塔院，原有唐代的俊公和尚塔和元代月泉新公和尚塔。"塔旁有一池名胜寒池，大旱不枯"。寺门外有石桥1座，石狮1对。明英宗亲赐寺名"西峰寺"，明景泰四年（公元1453年）和隆庆六年（公元1572年）分别赐予敕谕碑，明令对西峰寺进行保护。明景泰四年（公元1453年）还御赐佛经一藏。在重修西峰寺时，陶容还在寺院东南1里处建了茶棚院，为进香朝佛者休憩之所。从明代始，西峰寺可独立进行佛事活动。

遗　迹

　　清乾隆年间，大学士三宝的寡媳乌佳氏出资20000两白银，整修西峰寺并置办供器。当时顺义县民妇张李氏与其子张明德、广月、工匠任五等人妖言惑众，谎称张李氏为菩萨转世，号为"西峰老祖活佛"，骗人钱财，于清康熙五十二年（公元1713年）被查获，轰动九城的"西山老祖"案就此终结，西峰寺也因此而衰落。

　　清光绪年间，恭亲王奕訢住在戒台寺"养疾避难"，选定西峰寺作为自己死后的陵寝之地，由于其死后朝廷另赐了墓地，故未能用上。清宣统元年奕訢次子载滢死后，被其子溥伟和溥儒葬于西峰寺，营建了地宫，并将原茶棚院改建为阳宅。辛亥革命后，溥儒携全家住在戒台寺十余年，在西峰寺的北沟里留下了多处刻诗和刻字。民国初期，这里只有一名叫兴安的僧人看守废寺。西峰寺现为国土资源部培训中心，现存载滢地宫、石碑三通和一棵千年银杏树。

1—46

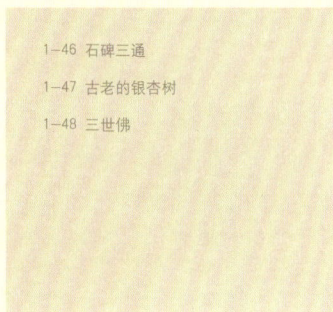

戒台寺

36

1—47

西峰寺崇公和尚塔

2001 年 8 月 24 日，文物部门在永定镇苛罗陀村（原区博物馆西侧台地）发现一处遗迹，经勘察，为一座和尚塔，塔下有地宫，出土石棺一口。地宫距地表 1.5 米，附近散落有原塔的承露盘、覆钵基座等石构件，石基座呈圆形，直径 0.82 米，高 0.32 米，座身有壶门开光，内刻"示寂崇公灵塔"，

两侧也有刻字，因石质粗糙，无法辨认。石棺呈梯形，下带座，座下四方足，座周雕云纹，座上三层叠涩。石棺通长 48 厘米，座宽 30—34 厘米，带座高 28—44 厘米，棺内长 37 厘米，宽 18—20 厘米，深 16—17 厘米。盖长方形，顶部略呈弧形，棺盖头部雕成"山"字形，棺身由一块青石雕成。

明英宗时期，英宗皇帝

经常召知幻进京讲法，为了方便，黔宁昭靖王将自己在宣武门的府邸改建为佛寺，供知幻居住，作为戒台寺的下院。明景泰年间赐名承恩寺。后该寺遭受火灾，之后进行了重修，承恩寺可独立进行佛事活动。

摩崖造像

摩崖造像位于永定镇石佛村村东山崖上，坐东朝西，为明代摩崖造像群。现存摩崖造像16龛18尊，根据造像龛排列层次顺序，自北向南编为1至16号。另外在崖下还有两尊圆雕造像。据明《帝京景物略》记载，此处为永庆庵旧址。

造像内容：

1号龛为释迦牟尼佛；2号龛为释迦牟尼与二胁侍菩萨；3号龛为供养人像；4号龛为观音菩萨；5号龛为释迦牟尼佛；6号龛为阿弥陀佛；7号龛为观音菩萨；8号龛为地藏菩萨；9号龛为大势至菩萨；10号龛为释迦牟尼佛；11号龛为释迦牟尼佛；12号龛为药师佛；13号龛为释迦牟尼佛；14号龛为罗汉像；15号龛为释迦牟尼佛；16号龛为菩萨像。

佛龛分为圆形、弧顶长方形、葫芦形三种。佛座有仰莲座和长方形金刚座。

造像特点：

一、三种龛形均没有龛眉装饰。二、2号龛中的一佛二菩萨组合，与常见的一佛二菩萨造像有明显区别。一般情况下，一佛二菩萨组合，均为坐佛，菩萨分侍两侧。但石佛村摩崖造像2号龛中的一佛二菩萨组合却为坐像，显示出独特的风格。三、石佛村摩崖造像中的菩萨造型，也有自己的特色，

1-48

如冠较之其它地区造像略高。四、3号龛的供养人像，从其装饰及造型看为一宦官形象。

造像分期：

从打破关系来分析，石佛村摩崖造像根据造像风格及雕刻技法，可以分为两期。一期以6号龛为代表，还有4、5、10、11、13、15号6个龛，其造像特点为面相丰润清秀，给人一种阴柔之美的感觉。人物都为大耳下垂细长呈"了"字形，衣褶线雕刻简洁，刀法圆润流畅。莲座雕刻精细，莲瓣尖呈尖圆，均为圆形龛。二期造像以2号龛为代表，还有1、3、7、8、9、12、14、16号8个龛，其造像特点为面相丰满方颐，给人以阳刚之美。大耳比一期宽短，衣褶线条雕刻较之一期略显繁缛，刀法粗犷有力。莲座雕刻没有一期精细，莲瓣尖呈方圆，莲瓣肥厚。除1号龛为葫芦形龛外，其余均为弧顶长方形龛。3号弧顶竖长方形龛打破4、5号两个圆形龛的关系，也为分期提供了佐证。到目前为止，石佛村摩崖造像发现题刻文字5条，其中字迹清楚的3条，即6号龛左右各一条，左为"京都清塔寺比丘成玉造"，右为"南无阿弥陀佛"，7号龛下方的"西京华楼东原游此"。另外

两处题刻皆因字迹剥蚀严重，漫漶不清，仅可辨认出"□靖八年十二月……之……"等字，8号龛下的题刻仅辨认出有"……张立……樊……"等字。其中"□靖八年十二月"题刻为造像纪年题记。历史上带"靖"字的年号有：北宋徽宗赵佶的"建中靖国"、北宋钦宗的"靖康"、明世宗朱厚熜的"嘉靖"，而题刻中的"靖"字后边是"八年十二月"，由此可以推断该题刻中的"□靖八年十二月"应为明世宗嘉靖八年，即公元1529年。

造像年代：

根据造像风格可以判断该造像群系两次雕凿。第一期造像雕刻年代，从六号龛左侧题刻分析，"清塔寺"系明朝天顺初年郭真在元代大永福寺的废墟上重建，经明英宗朱祁镇敕赐寺名为"青塔寺"（青同清）。查《宛署杂记》、《光绪顺天府志》等书中的青塔寺条，知青塔寺在西城日中坊。由此可知

1—51

6号龛系青塔寺比丘成玉在明天顺年间（公元1457—1464年）开凿，续而可知石佛村摩崖造像开凿时间的上限在明天顺时期。第二期造像应以7、8号两龛间的题刻纪年"嘉靖八年十二月"为准，也就是说下限在明嘉靖时期。从戒台寺在明代自宣德九年（公元1434年）至万历年间曾经历了4次兴衰的时间看，石佛村摩崖造像的两次雕凿时间也在此段时间之内。再有该摩崖造像群虽然分为两期开凿，但整体风格特点、雕刻技法一致，所以说石佛村摩崖造像从明天顺年间始凿至明嘉靖八年完成。

石佛村摩崖造像，造型各异，比例匀称，雕刻技法也较为精湛，并且独具特色，是研究明代佛教造像艺术不可多得的实物资料。门头沟

区政府1981年公布其为第一批文物保护单位。

1-52

戒
台
寺

42

1-53

　　石牌坊位于戒台寺东500米处，是戒台寺的附属建筑。创建于明万历二十七年（公元1599年），清光绪十八年（公元1892年）重修。

　　牌坊坐西朝东，为汉白玉石质两柱单间一层楼仿木结构。牌坊为庑殿顶，正脊两端饰龙吻，垂脊上饰垂兽，岔脊上饰戗兽及三走兽。檐下饰平身科五踩单昂斗拱八朵，四角饰角科五踩昂斗拱，

斗拱下饰莲花座。正面斗拱下间饰高浮雕一佛四菩萨，佛结跏趺坐于长方形的须弥座上，双手结禅定印，菩萨结跏趺坐于仰莲座上，双手合十。

　　龙门枋上饰一佛二菩萨四供养菩萨，一佛二菩萨为西方三圣：阿弥陀佛、观音菩萨、大势至菩萨。造像均为站姿，阿弥陀佛为螺髻，身着通肩大衣，右手下垂与

愿印，左手上抬于胸前掌托莲台。观音菩萨双手执如意莲花，大势至菩萨左手平抬于胸前持一物，佛与菩萨均脚踏莲台。四供养菩萨两个手提香薰，两个手持佛引，边饰菩提树，造像间以云纹为衬底，一佛二菩萨均有头光。枋心刻有"永镇皇图"四个楷书大字，左边为重修题刻："大清光绪壬辰年（公元1892年）秋季九月六日，

弟子长白文辉重修。"

枋心外围联珠纹，两边各饰浮雕造像一尊，一尊为北方多闻天王，又称毗沙门天王，天王右手持戟，左手持一喇嘛式塔，身披甲；另一尊为护法神韦陀天，又称韦陀，为南天王门下八将之一，居四大天王部下三十二将之首，韦陀头戴盔，身披甲，双手合十，金刚降魔杵横架于双腕之上。

小额枋上刻二龙戏珠，两边衬饰佛八宝图案，额枋下饰云纹雀替，两柱内侧各饰高浮雕力士造像一尊，力士头戴冠，双手叉腰，身披帛带，赤脚立于仰莲座上，均作忿怒相。背面斗拱下也间饰同正面一样的一佛四菩萨造像。龙门枋上饰横三世佛及阿难、迦叶二弟子，佛皆跏趺坐于仰莲须弥座上，阿弥陀佛施禅定印，释迦牟

尼佛右手下垂作触地印，左手结定印，药师佛右手下垂作触地印，左手于胸前托药钵，阿难、迦叶二弟子双手合十，两边饰菩提树，其间以云纹为衬底。

枋心为楷书"祇圆真境"四个大字，左边为修造题记："大明万历二十七年（公元1599年）岁次己亥季春吉日造"，枋心外围联珠纹。两边各饰金刚力士造像一尊，

1-54

1-55

金刚头戴冠，身披甲，左手捧金刚杵。

小额枋上的图案与正面图案一样。枋柱下有鼓形夹柱石，斗拱及枋上图案均施彩绘。柱的正面饰浮雕楷书对联，上联为"星海空澄广映无边诸佛地"，下联为"日轮星鉴大明洪护梵王家"。

牌坊，古代叫绰楔，又名牌楼。戒台寺石牌坊雕凿精细，构造严谨，均衡对称，

线条清晰流畅，造型优美生动，表现出古代工匠们细腻娴熟的技法和刀法。从造像题材看，戒台寺本为律宗圣地，但该牌坊既雕有表现净土信仰的西方三圣，又雕有藏传密宗的北方多闻天王。而且北方多闻天王一般手托密檐式宝塔，此处却手托覆钵式喇嘛塔，这也从一个侧面反映出戒台寺佛教文化的丰富内涵。

护国宝塔也叫镇塔又可称万佛塔，因其建造位置一般在较为险要之地，塔身雕刻佛像，用以镇邪，保佑一方平安，护国宝塔就属于此类。护国宝塔位于极乐峰下的太古化阳洞洞口处，为八角十一级仿木结构实心密檐石塔，通高六米。

塔基为仰莲须弥座式，下枋莲瓣上雕刻花卉，束腰上刻动物图案，有狮、龙、羊、象等，上枋莲瓣上雕刻有弥勒佛、释迦牟尼佛、药师佛、菩萨等造像28尊。

基座上为两层仰莲瓣承托塔身，第一层莲瓣上刻二尊供养人像，第二层莲瓣上，每瓣上各刻一尊造像，共计24尊。第一层塔身交错雕刻四门、四窗，门五抹，窗四抹，塔身下部雕刻造像24尊，有释迦牟尼佛、药师佛、弥勒佛、文殊菩萨、普贤菩萨，正南面为三世佛及阿难、迦叶二弟子。四个棂窗上下各刻一尊佛像，共计八尊，窗上为释迦牟尼佛、药师佛、文殊菩萨、普贤菩萨，窗下为释迦牟尼佛及药师佛。四个正面门上各刻一尊佛像，共计四尊，为释迦牟尼佛、药师佛、文殊菩萨、普贤菩萨。塔身转角侧柱上自上而下刻双手合十小佛八尊，八根侧柱共计64尊，

1-57

1-58

塔身最上层雕刻八条云龙。全塔总计雕刻佛像152尊，供养人像二尊。檐下雕斗拱，檐部刻勾头滴水、角瓦等，完全与木结构建筑相同。从第二层起，逐渐收缩，塔刹已残失。

据《日下旧闻考》记载"极乐峰在马鞍山之西，太古洞即化阳洞，亦名庞涓洞，洞门刻太古化阳洞五字，洞左石塔十一层，塔碑略云'嘉靖三十九年（公元1560年）东直门外牛房主禅明辉，徒普照，信官郝春建马鞍山护国宝塔'"。该塔整体造型优美，比例协调，雕刻精良，是北京地区明代同类石塔中的杰出作品。

戒台寺地处马鞍山北麓，后山指马鞍山南麓，这里西临极乐峰，地质构造为海洋沉积，山势陡峭，亿万年以来在雨水的侵蚀下，形成了许多石灰岩溶洞，较大的洞有太古化阳洞、孙膑洞、黄莲洞、观音洞、朝阳三慧洞、极乐洞、朝阳洞等。有些山洞仍保持着喀斯特溶洞的自然形态，石笋、石钟乳、石幔尚存；有的山洞经过人工修饰，改建成了石窟寺，在明清两代是戒台寺部分高僧静修的地方，这里是北京地区数量最多，最密集的石窟寺群。

太古化阳洞

洞口朝南，洞口外有一座雕刻工艺颇佳的石塔。人们进了化阳洞，走不了多久，就觉得"伸手不见五指"了。沿倾斜向下的洞底往前走，举灯照亮洞顶，会发现这里许多地方像古老的殿堂穹顶一样开阔。再走约半里路，岩洞逐渐狭小了，细看两侧的洞壁，那些钟乳岩凝成的石痕，有的像鱼游，有的像龙跃。洞中的一块岩石，又像一头雄狮蹲在那里，昂首鼓鼻，仿佛要向人发出吼声。当来到一处洞穴分岔处，不妨先进入西岔看看。这儿有一个深井似的岩洞，垂直向

1-59

下，灯光也照不见底部。倘若扔下一块石头，很久才会听见石块滚动的声音。据说，古人曾向洞里放过一只狗，后来那狗经过许多天的钻行，竟从数十里外的永定河爬出来了。这个传说虽不可信，但这岩洞深不知底倒是事实。

明朝人于奕正写有《化阳洞》一诗，记述了当年他游洞的情景，诗中说："古洞传神秘，而有级可拾。我欲穷其中，列炬导我入。蝙蝠触烟醒，坠已飞上集。下下若督井，虽寒能不湿。石乳挂四垂，仿佛百怪立。迷迷步近远，视但光所及。左有潭炬之，摇手龙在蛰。"这些诗句很形象生动地描述了当年化阳洞内的情景；今天人们步入洞内，大体也会有相同的感受。

孙膑洞

1-60

与化阳洞相距不远，史书上记载洞深一里，但现在洞体塌落严重，洞内只剩下不足百米长的一段了。在马鞍山南侧有一道山梁，名叫六国岭，有许多关于春秋战国时的故事在这一带流传。据说当年孙膑和庞涓就在马鞍山上向鬼谷子学艺，庞涓所住的山洞名叫庞涓洞，即太古化阳洞，而这个山洞是当年孙膑住的地方，这些传说给古洞增加了许多的色彩。

朝阳三慧洞

从化阳洞向西，翻过一道小山梁就是朝阳三慧洞了，这是石窟寺，山门前左侧有一道雕刻精美的摩崖碑刻，碑体完整、字迹清晰，上写"戒坛朝阳三慧洞建礼忏施茶功德碑记"，碑文中记载明万历年间戒台寺香火

1-61

1-62

繁盛，拜佛和学佛的人很多，以杨大林为首的一些善男信女来到三慧洞，听住持能省和尚讲经说法，豁然顿悟，于是集中捐资，每年农历四月初八佛诞日送至三慧洞。现今山门内的佛殿已经倒塌，内有两个支洞，较大的一个约三米，面积100余平方米，洞内有佛龛、水井，一块长条形的残石板上刻有"卧千声佛"四个大字。

黄莲洞

又叫黄龙洞，石质与其他山洞不同，为青黄色。一道道黄色的泥痕垂流下来，宛如璎珞，这是其它山洞所没有的。洞内有一个又大又平的石床，是僧人坐禅的地方。山洞很深，景致很美，有一线天，龙爪石、卧虎石、挂印石等，都非常形象。再向里走，还有普陀岩、莲花洞、滴云液、水晶、坐虎石、

补天石、葫芦石、月窟、天池、地池等胜景。"洞愈深而石形愈奇愈妙，石骨突起，其细如筋，状若龙蛇盘绕，连络不断"。清末载滢游黄莲洞后赞叹曰："天成灵境，神秀独钟，西山胜迹，此可谓第一洞天也"。

1-63

极乐洞

极乐洞位于极乐峰上部，坐西朝东，是现今保存最好的一座石窟寺。

悬崖峭壁上，一条羊肠小道从极乐洞前通过，向上看青山如云，向下看是万丈深渊，极乐洞就坐落在山间的一个小平台上。

洞前左右两侧各有一道山门，山门为关城状，颇有"一夫当关，万夫莫开"之势。洞口处原有三间佛殿，现已只剩遗迹。宽大的洞口砌有石墙，洞内有残存的佛殿，门窗均用石材雕刻而成，至今仍十分坚固。洞内高约三四米，面积约八、九十平方米，内有佛龛、水井，洞外还有两眼人工开凿的储水井。洞口南侧崖壁上有一处摩崖碑刻，高2.4米，宽0.9米，为明万历年间极乐洞住持明信和尚撰文，记述了当年极乐洞修建佛殿的情况。碑刻左侧有民国时期的摩崖刻字"登峰造极"四个大字，还有一些文人墨客所留下的诗文，赞赏这里是真正的仙境。

据《日下旧闻考》上说，极乐洞刻石额曰："灵鹫山"，又曰："天开灵境"。清末民初时期，高僧德成在此苦修九年，冬夏穿一破衲，头发可绕臂，终年不下山。极乐

1—64

洞上有奇峰，下临深谷，俯瞰群山苍莽，远眺茫茫天地，若登天际，若处界外，使人有超凡脱俗之感。

观音洞

沿极乐洞山门小路下山，行不足百米，岩壁上有一摩崖造像，佛为立姿，高约一米，面相丰满端庄。再下行不足百米，有一处洞群，共有大小四座岩洞，主洞比较宽敞，面积约60平方米，内有石雕刻一尊，高60厘米，佛光映衬，雕工极为精细。佛像后面有刻字，"钦差督理马鞍山内官监张实、工部文思原副史书，嘉靖已亥"。山崖上有摩崖碑刻，"佛龛山观音洞修造殿碑记"，由兵杖局总理太监、慈禧官御马太监、钦差工部制造、乾清宫内侍太监、司礼监、各王府太监和信官捐

1-65 观音洞

1-66 连绵的马鞍山

1-66

1-65

资建造，刻碑时间为明万历三十七年四月初一。

朝阳洞

从观音洞再下行200余米，有一座朝阳洞，当地人叫老爷洞，坐东朝西，与极乐洞、观音洞遥遥相对。

朝阳洞洞体很大，洞口垒砌有三米高的红墙，洞内面积达100多平方米，洞外有石雕佛龛一座，石碑一块。石碑为大青石，现保存完好，字迹清晰，首行题记："戒台马鞍山万寿禅寺朝阳洞碑记"。记述了朝阳洞的开凿过程，署名为竹山第一代圆果，徒明慧等，还有捐资的官员及多名太监的署名，时间为明万历年间。洞外西侧有两眼大储水石井。在距朝阳洞约30米处，有一座山洞，洞口上方摩崖题刻为："罗汉洞"三个大字，洞长

约八米左右。

　　村民们说，附近还有一个獾洞，洞口很小，仅能容下一人匍匐前进，洞内却高大宽敞，别有洞天。稍远一些的地方还有金灯洞、无底洞等洞群。无底洞深不见底，扔下石头听不见回声，洞内呼呼作响，不知是风声还是水声。

　　在戒台寺后山方圆几公里内有十几个岩洞群，留有大量的石窟寺遗迹。从现存摩崖碑刻的内容分析，这些附属于戒台寺的石窟寺大多建于明嘉靖到万历年间，明神宗派钦差督理过修建工程，除原有的天然古洞外，大部分岩洞和所有的储水井都是在山崖上一锤一钻地开凿出来的，工程相当浩大，有众多的太监、信官以及民间的善男信女为此捐资。这片石窟寺群可住僧尼数百人，连同本寺，当年戒台寺的僧人应在千人以上，明代嘉靖、万历年间是中国佛教的繁盛时期，同时也是戒台寺的兴盛时期之一。

第 二 章

坛

戒台寺以拥有全国最大的佛教戒坛而闻名天下，这座戒坛始建于辽咸雍五年（公元1069年），至今已有九百多年的历史了。北京戒台寺的戒坛与福建泉州开元寺戒坛和浙江杭州昭庆寺戒坛，并称"全国三大戒坛"，而北京戒台寺的戒坛规模又居三座戒坛之首，故而有"天下第一坛"之称。

2-1 戒台大殿外景

戒台寺北部轴线上的戒坛及其附近建筑，为一个独立的系统。从山门殿及山门前的古塔等建筑物分析，初期戒台古刹主要殿堂应在这里。

戒坛院正中为巍峨的戒坛大殿，前有山门，院子两厢三十六间配殿为五百罗汉堂，院子后部为大悲殿。院内古松参天，环境庄严幽静，步入院内，心中往往黯然萌生怀古的幽思。

2-1

戒坛院山门为三间"单檐歇山式"木结构建筑。明代这里称"优波离殿",殿中供奉优波离尊者(佛经中称他为守戒规最严的尊者,故又称"持戒第一"尊者)。到了清代改称"明王殿",曾供奉过弥勒佛和两大金刚像。现在殿内有一座雕工极为精致的木质佛龛,龛内供奉着三尊铜佛像。这座佛龛原在千佛阁内,1956年拆除千佛阁后,将佛龛暂存于天王殿中。"文革"中,天王殿为寺内仓库,堆满了杂物,未被人们发现,才免于毁坏。

戒坛山门殿内的木雕佛龛,可称得上古代木雕艺术的精品。这座雕龙佛龛高4米,长3.70米,宽1.55米,下方为木制须弥座,座的上、下枋及束腰部精雕花饰,施以金饰。须弥座的四个上角各有一根雕有两条"升龙"的木柱。佛龛后部用太师板封住,两侧有正塔斜交棱花窗,窗上又雕出"二龙戏珠'图案。佛龛裙板上,一条"升龙",一条"降龙",相对戏一只"宝珠";前额上,中间是一条张口鼓须、彩绘生动的"升龙",其两侧为"行龙"。三条龙的下方雕出"海水江牙"图饰。佛龛内,上方有三个小巧玲珑的雕龙藻井,每个藻井正中雕一条

戒坛山门

2-3

2-2

"团龙"，四周雕出八条小龙。佛龛雕龙中，最长的3.30米，最短的只有0.4米。整座佛龛内部外露部分均雕有大大小小形态各异的龙，共有146条。这座佛龛据说为明代遗物，为十年浩劫后寺中千佛阁内幸存的文物珍品。

在山门殿后的甬路上，立着一座高大的青铜铸香炉。香炉高三米，重约五千斤。这香炉造形颇为精巧，上有双层重檐，中有镂空门窗，看去像一座铜铸的城门楼模型。香炉踞于一个石雕的须弥座上，炉体正面铸有"阿弥陀佛"四个楷体大字，两侧还有铭文："香热宝顶供佛天"，"一切众生成正觉"。这座铜香炉曾于"文革"中卖给了废品公司，后由文物局收回，于1982年又重新安放在了这里。

这座香炉铸于明万历二十七年（公元1599年），距今已有四百多年的历史，工艺细致，花纹柔和，反映明代的高超铸造水平。

2—4

2—5

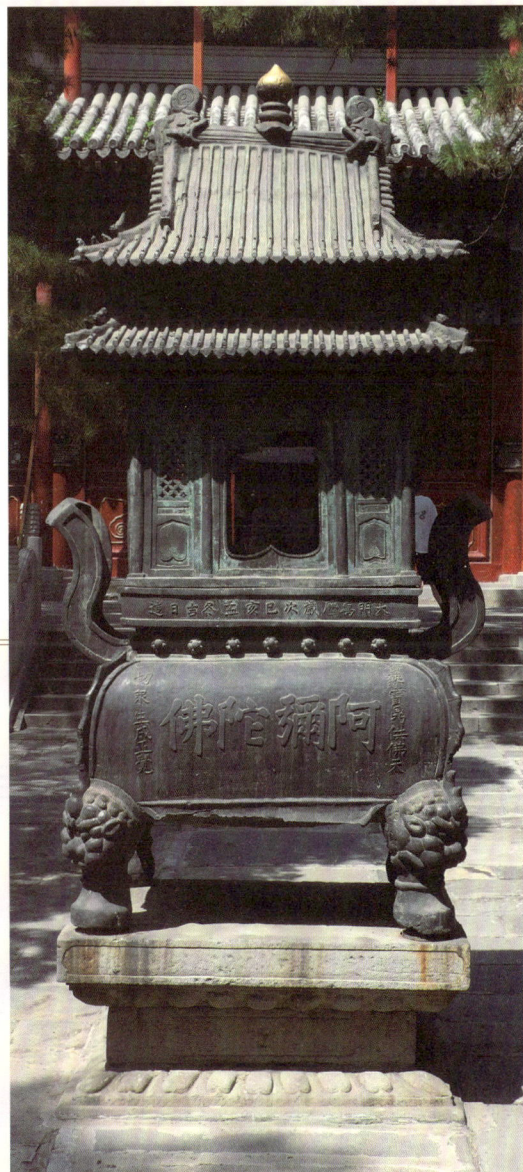

2—6

戒坛建于辽代咸雍五年（公元1069年），其原址就在现在的戒坛大殿处，但估计其规模不会很大。金、元两代对戒坛殿有所修整。后这座建筑于元末明初毁于兵火。

明正统六年（公元1441年）至正统八年，戒台寺住持僧知幻主持了重建戒坛大殿的工程。经过两年的施工，戒坛殿基本上具备了现在的规模。

明成化十三年（公元1477年），寺中僧人又对戒坛大殿进行了修整，并由僧人德秀捐资重铸宝顶，这个情况，是1982年重修戒坛大殿屋顶时，才从宝顶的铸字上发现的。

在明以后的数百年中，戒坛大殿虽屡有修葺，但基本上保持了明正统年间的建筑形式和风格。

戒坛大殿高20余米，建筑面积为676平方米，共有自然间数25间。大殿为"重檐叠顶"相结合的木结构建筑，上下檐又有"风廊"环绕，造形独特，别具风格，为我国古建筑的杰作。

殿顶那五米高的鎏金铜铸宝瓶，与正方形的"叠顶"相对应，其寓意为"天圆地方"。大殿屋顶两层檐下悬垂钓"风铃"也不相同，上

戒坛大殿

2–7 汉白玉石桌
2–8 戒台之上的释迦牟尼佛像
2–9 大殿漆金匾"选佛场"

层为圆铃，下层为方铃，同样体现的是"天圆地方"的意思。每个风铃上，都铸有"阿弥陀佛"四个字，当山风吹来，铜铃叮咚作响，僧人们认为那是每个铃铛都在"诵佛"。

戒坛殿正门头上，有一个漆金横匾，上书"选佛场"三字，门内横枋上，有乾隆手书的"树精进幢"古匾，后面还有一匾，上有康熙写

2–7

2–8

2-9

的"清戒"二字匾。

步入戒坛大殿内，举目上观，色彩斑斓的"五字真言"天花板令人耳目一新。特别是大殿屋顶正中的"斗八藻井"更是让人叹为观止。这个巨形"藻井"，纵深处又可分为两部分，下部分为方形，上部为圆形。在下部呈方形的"井口"上，其四周雕有许多小"天阁"，天阁上又雕出许多小佛龛，

佛龛上有圆形的小门洞，洞内有细工雕出的饰金木质佛像。这样奇巧的木雕建筑艺术，往往使观者赞不绝口。藻井上层的圆形部分，正中穹顶是一条倒挂的木雕"团龙"，其龙头居于藻井中心，张口鼓须，俯视着下面戒坛上的释迦牟尼铜像；其四周的穹壁上，又雕有八条"升龙"，个个神态生动，与正中的团龙相呼应，形成戒坛大殿"九龙护顶"的神奇效果。

戒坛大殿屋顶这个金碧辉煌、工艺精绝的"斗八藻井"，为明正统年间木雕艺人的杰作，它既是戒台寺整个建筑艺术的"点睛之笔"，也是我国古建园地上的一朵奇葩。

2-10

2-11

2-12

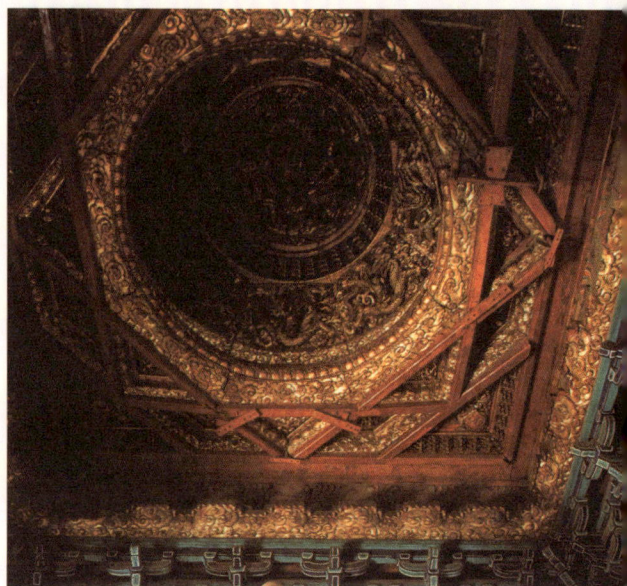

2-13

戒坛大殿正中那青石砌就的"品"字形高台，是古寺的核心——戒台。

戒台分三层，从下到上依次递升，最高一层距地面2.25米。每层戒台都有"须弥座"，三层戒台合起来象征佛教徒崇拜的圣地——须弥山。每层须弥座的上下枋和"束腰"上，都有留云、藩草等雕饰，工艺细腻，纹理顺畅，体现出高超的石雕水平。

戒台是一座用青石砌筑的高台，平面呈正方形，台分三层，下大上小，呈品字形。戒台全高3.25米，底层台各边长11.3米，高1.4米；中层台高0.95米，各边长9.6米；上层台高0.9米，各边长8.1米。每层台均为须弥座造形，上下枋雕有流云藩草，束腰处雕有佛龛，每个佛龛内均有泥塑的戒神。上层台每面有7个佛龛，四面共计28个，佛龛高度为0.34米；中层台每面有9个佛龛，四面共计36个，尺寸比上层略大；下层台正面有佛龛13个，其余三面各有12个，四面合计49个，其尺寸又比中层稍大。整座戒台共有佛龛113个安放着113尊泥塑彩绘的戒神。在戒台的四周，原来还有24尊身高1米的戒神立像，均为泥塑彩绘，一个个顶盔贯

戒台

甲，手持兵器，守护着戒坛，但今已不存。

113尊泥塑彩绘的戒神形态各异，有的威武雄壮，有的面目狰狞，有的顶盔贯甲，有的仙风道骨，一个个形态逼真，生动传神。这些戒神都是在1984年重修戒台寺时，由"泥人张"的第四代传人，我国著名的雕塑大师张铭先生及其弟子们雕塑的。由于原有的戒神像已无存，雕塑时没有样品，因而难度很大。在北京地区建有戒坛的寺庙极少，而留有戒神像的则根本没有。后来从雍和宫找到了一张戒神的图片，张铭大师仅根据这张图片就创造出了这一组精美的戒神群像，这是迄今为止，北京地区绝无仅有的一组戒神塑像，是难得的艺术珍品。

何为戒神？据《三坛传戒正范》上讲，"寄位诸天，梵释四王、天龙八部、伽蓝、土地、金刚力士"都属于"监坛护戒之神"。佛教起源于古印度，在其形成过程中，受古印度神话和婆罗门教的影响很大，因而把印度神话

2—16

2—15 黑色药义大将
2—16 戒台寺戒神（历史照片）

坛

和婆罗门教中的一些神改变成了佛教的护法神，戒神大多由此而来。佛教传入中国以后，受到了中国传统文化的影响，使这些外来神汉化，并且还吸收了一些中国的神圣，从而形成现在被中国民间所接受的戒神形象。

寄位诸天，这里所说的"天"，是指天神，据《经律异相》上讲，宇宙分为三界，共有33重天，每重天上都

有主管的天神，其中欲界有6重天，主管天神为四大天王、帝释等。色界有23重天，主管天神有婆罗贺摩、湿婆、毗瑟等。无色界有4重天，其主管天神有的骑牛，有的骑金翅鸟，大多为武士装扮的天神形象。

梵释四王，指佛教所说的"护世四天王"，他们分别护持着佛教世界以须弥山为中心的四大部洲，东方持

国天王毗留博叉、南方增长天王毗琉璃、西方广目天王提多罗吒、北方多闻天王毗沙门。四大天王各率领28部夜叉大将，各镇守佛国一方。

天龙八部，指龙众、天众、阿修罗、夜叉、乾闼婆、迦楼罗、紧那罗、摩睺罗迦。天众是指33重天的诸位天神，龙众是指作为护法神龙的八大龙王。阿修罗是一种

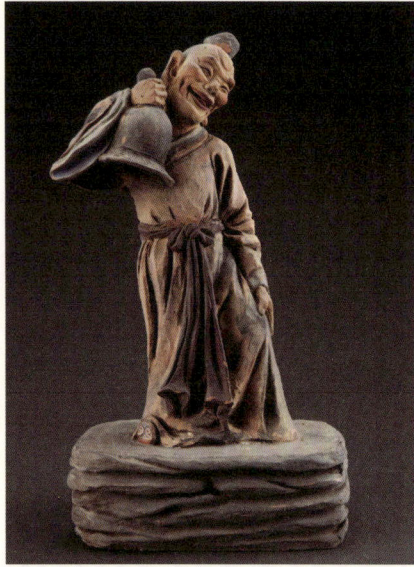

2—18

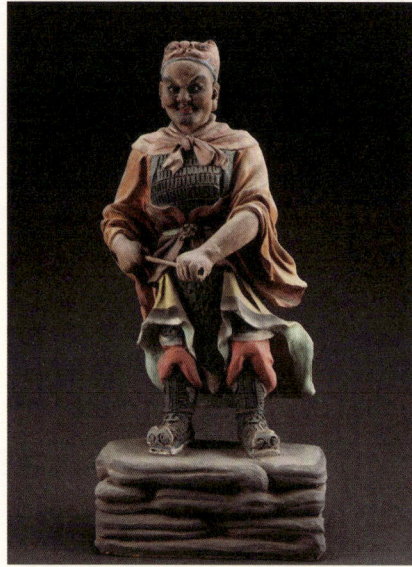

2—19

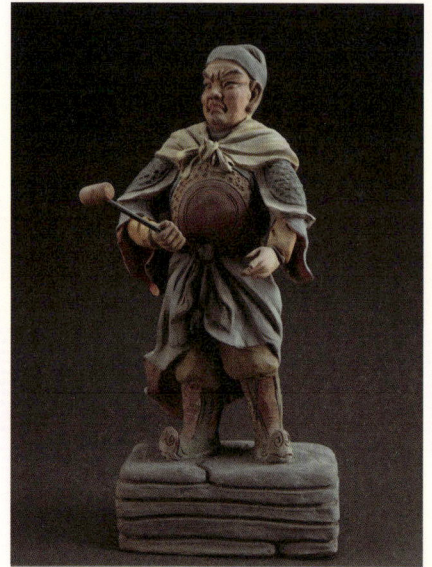

2—20

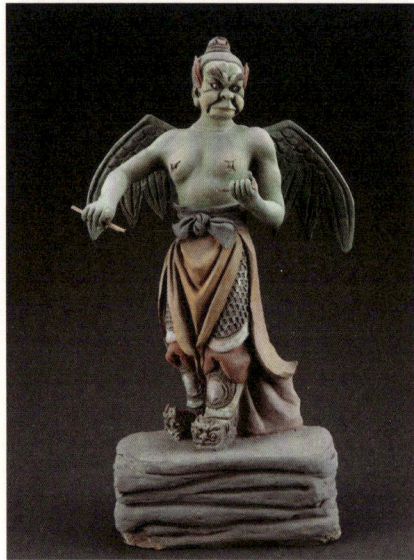

2—21

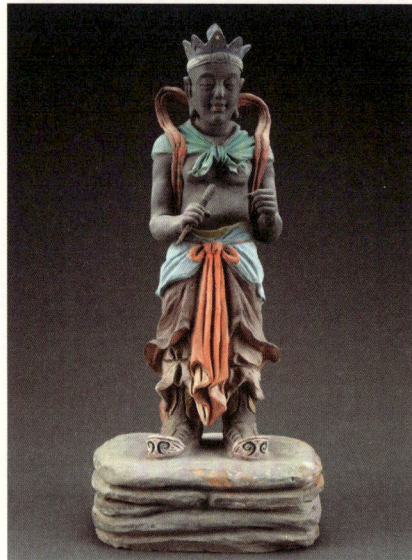

2—22

2—23

2—24

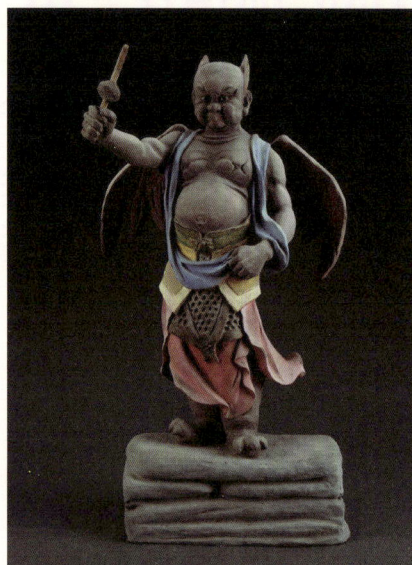

2—25

2—26

非人非兽的怪物，据《楞严经》上讲，阿修罗分为四种：一种为卵生，一种生于大海，一种为阿修罗王，一种为胎生。阿修罗中男性丑陋，女性娇美。男性阿修罗勇健好战，善于变化，其形象有九头九手，有的三头六臂或八臂，有的手大遮天，有的手持日月，一般为武将装束的天神形象。夜叉是一种非人非鬼的怪物，面目狰狞，能飞腾，能土遁。其形象有的怒发上冲，形似鬼怪，有的生有双翅，有的手持莲花，有的怀抱博山炉。乾闼婆是音乐之神，其形象为头戴八角冠，左手持笛，右手拿剑的天神。迦楼罗汉文译为"金翅鸟"，后来被人形化，其形象为头戴鸟冠的武士。紧那罗是歌神，原来是一种马面或鹿面，半裸体，手持乐器的怪物，后来逐渐演变为歌舞伎乐的美女形象。摩喉罗迦就是大蛇的意思，也是一种乐神，其形象为贵族装束，头顶上有一条作为装饰物的小蛇。其手中持笙或腰系腰鼓，手持鼓槌。

伽蓝，是指护法伽蓝，其中包括佛教寺庙中伽蓝殿中供奉的波斯匿王、祇多太子和给孤独长者，以及殿内两侧供奉的18位伽蓝神。此外还有天王殿中的护法韦

驮，后来又把三国时期的蜀汉大将关羽也吸收进了佛教的护法伽蓝之中。

土地，指土地神，佛教寺庙一般都把本坊的土地神列为本寺的保护神，其形象一般为手持拐杖的老年男子。

金刚力士，其中最著名的是密执金刚和那延罗金刚，一般都供奉在山门殿和明王殿中，其形象为裸出全身，缠衣于腰部，手持金刚杵，怒目圆睁的勇猛威武之相。此外还有一位密迹金刚，原是古印度一个小国的法意太子，皈依佛祖之后，在佛祖身边担任侍卫首领。另外有四大天王，也称为"四大金刚"。

戒台总建筑面积为127平方米，最上面一层的地面有32平方米。戒台上靠西的一侧，原有一座三米高的莲台，供奉一尊明正统年间铸造的高达两米的释迦牟尼铜像，结跏趺坐，与其相背还有一尊三头六臂的佛母像，已于1973年调往浙江国清寺。2007年戒台寺僧团根据历史记载，重塑了释迦牟尼铜鎏金坐像。佛像前原有十把辽代御赐沉香木椅，今已不存。现在摆放的十把紫檀木椅和檀木雕龙桌案是后来配置的，是举行授戒仪式时"三师七证"的座位。

坛前原供奉有两根沉香柱，高丈余，直径二尺，上雕有千余尊小佛像，因而又称"千佛柱"，今已不存。戒台后面是 2007 年新塑的一尊 1.6 米高的千手观音铜像。在戒坛的四周，原来还有 24 尊身高一米的戒神立像，均为泥塑彩绘，一个个顶盔贯甲，手持兵器，守护着戒坛，文殊、普贤、观音、地藏四大菩萨塑像分列两边。但是，很遗憾，这些佛像和文物现已散失。

戒台前面，有五个雕刻而成的汉白玉石桌，石桌上原来放有"金盘"，是为进香人放置布施钱物之处。戒台右前方有一面大鼓，左前方有一口明景泰年间(公元 1450 – 1456 年)铸造的铜钟。这"左钟右鼓"，是授戒时的乐器，僧人在集体诵经时敲击它们，以控制节拍。

戒台寺具有授佛门最高戒律菩萨戒的资格，受戒和持戒是大乘佛教中律宗的主要修持方式，戒台寺在辽代至元代中期，一直持有辽道宗亲笔抄写的金字《大乘三聚戒本》，因而被当时的佛教界公认为是律宗的正统代表，律宗的领袖，大乘佛教的最高学府之一，是佛教徒心目中的佛教圣地，因而吸引了全国各地无数的佛教徒前来求戒。

什么是"戒"？佛经上说："戒为平地，众善由生"。学佛首先要遵守戒律，"戒如捉贼"，奉持戒律可以除去世间的一切烦恼。作为一名佛教徒，最起码的是要奉持"五戒"，来世才能转生到人天胜处，脱离鬼畜的各种苦难。大乘佛教认为，"一切众生皆可成佛"，一切修行都应以"自利"和"利他"并重，这就是菩萨之道。因此无论是出家的还是未出家的佛教徒对于"受戒"都非常重视。他们认为，只要受了戒，就等于踏进了西方佛国极乐世界的门槛。

戒台寺最重要的佛事活动就是在戒坛大殿"开坛演戒"。开坛演戒分为两种，一种是为佛徒授戒，其戒律分为五戒、八戒、十戒、具足戒和菩萨戒，对不同等级

授戒仪式

2—28

2—29

2—30

2—31

的佛教徒规定其所需遵守的不同戒律。另一种是在戒坛为佛教徒讲解戒律，也称作演戒。

授戒又分给出家人授戒和给未出家的佛教徒授戒两种。向未出家的佛教徒所授的戒律比较简单，一般是"五戒"，这是佛教徒最基本的戒条，即不杀生、不偷盗、不邪淫、不妄语、不饮酒。受了五戒的男子称为"优婆塞"，意思是"近事男"，又叫居士。女子称为"优婆夷"，意思是"近事女"。有京剧泰斗之称的谭鑫培就是于清末光绪年间受了五戒，从而正式成为了一名在家的佛教徒，人称"谭居士"

还有一种"八戒"，又叫"八关斋戒"或"七戒一斋"，其戒条是在五戒之外再加上"不眠坐高广华丽的床座，不涂饰香鬘及不歌舞

2-32

2-33

观听，不食非时食"，前七条为戒，后一条为斋，一般授予刚出家的佛教徒。例如古典小说《西游记》里的那位天棚元帅猪悟能就是受的这种戒律，因而称猪八戒"。

授予出家人的基本戒律为沙弥戒，"沙弥"是梵语，意思是"勤策男"或翻译为"息恶"，受十条戒律，即不杀生、不偷盗、不邪淫、不妄语、不饮酒、不涂饰香鬘

及不歌舞观听，不食非时食、不坐高广大床、不蓄金银财宝。受过十戒的男僧称为沙弥，女僧称为沙弥尼，这是出家僧人最低的一个等级。电影《少林寺》中的觉远和尚所受的就是沙弥戒。

较高等级的戒律叫具足戒，又称为大戒。佛教徒认为，这个等级所奉持的戒律是完全而充足的，因而称之为具足戒。受戒的僧尼依照

《四分律》受以戒条，男僧为250条，女尼为348条。这种戒律规定的相当详尽具体，以此作为受戒僧尼的修行规范和行动准则。受过具足戒的男僧称为比丘，女僧称为比丘尼。"比丘"是梵语，意思是"乞士"，因为他们从此就取得了正式"和尚"的身份，可以凭着授戒寺院所发给的度牒，去游历天下佛寺和化缘求斋。度牒相当

于僧人的身份证，只有受了具足戒后，才可以取得这种证件。

菩萨戒一般授予地位很高的人，据范文澜先生所著《唐代佛教》一书中说，隋朝的隋文帝、唐朝的唐睿宗、唐德宗都受过菩萨戒，唐代的鉴真大师东渡日本后，还给日本国的国王和王公贵族共430人授过菩萨戒。菩萨戒也可以授给出家人，

但这不是必须要授的戒律，要根据其在佛门的地位、学识以及自身的愿望，才授予菩萨戒。

受了何种戒律是僧人的佛学造诣达到了什么程度的一种标志。受戒前要先随经师、教授学习佛经和戒条，然后还要经过问答考试，合格后才能授以相应等级的戒律，因此，授戒在某种意义上来讲，是发给佛教徒某个

2-34

等级的毕业文凭。

戒台寺的受戒仪式是非常隆重的，一般是在夜半时分，戒坛大殿内香烟氤氲，钟鼓齐鸣，数百名僧人肃立于戒坛周围，作为三师七证的十名高僧端坐在戒坛之上，佛祖像前。正面有三个座位，正中衣钵传灯本坛坛主（即佛门中的"传戒大和尚"），其左右侧是羯摩阿阇黎（即佛门中的"教化师"），

以上称为"三师"。三师的左侧有四个座位，右侧是三个座位，端坐七名资历高深的老僧，成为尊正阿阇黎（即佛门中的"教授师"），是为"七证"。新受戒的僧人经过全身沐浴，净手焚香，换上新僧衣，分三人一坛，跪在戒坛上方的正面，右戒摩阿阇黎做主持人，教授阿阇黎为礼仪师并宣读戒条，坛主逐条询问受戒人，"汝能持

否？"受戒人回答："能持"询问完毕后，七名尊证认为传戒符合戒规，可以得到承认，就齐声说"戒成"。然后由传灯坛主向受戒人颁发本寺的度牒，即僧人的身份证明。度牒上写有受戒人的法号、受戒日期、受戒寺院、受戒等级和三师七证的签名，受了具足戒后，受戒人就取得了正式僧人的身份。从元代以后，出家人受戒还

2-35 镇护药义大将
2-36 比沙则护法无尽母
2-37 比沙则护法持花大鹏像罗义

有在头上烧香疤的仪式，不同数目的香疤，代表着所受不同等级的戒律，烧香疤在解放以后就被废除了。

菩萨戒是佛门最高等级的戒律，像潭柘寺那样宏刹巨寺也只能授具足戒，而不具有授菩萨戒的资格，而戒台寺却具有这种资格。受菩萨戒是以佛祖释迦牟尼为衣钵传灯坛主本师，以文殊菩萨为主持仪式的羯摩阿阇

黎，以弥勒佛为礼仪师教授阿阇黎。受戒人受了菩萨戒就等于成为佛祖释迦牟尼的入室弟子，取得了与诸位大德菩萨相等的地位，是菩萨的师弟，因而在佛门具有很高的地位。受了菩萨戒就可以修成菩萨果，而菩萨又可以修成佛，因而戒台寺的戒坛大殿又叫做"选佛场"。授戒寺院的本坛坛主，羯摩阿阇黎和礼仪师教授阿阇黎

2-35

等于代佛收徒，以佛和菩萨的代理人身份向受戒人授以菩萨戒律，因而这种戒师在佛门中的地位是极高的，这也是僧人一种崇高的荣誉，例如辽代的法均大师去世后就把"传菩萨戒"作为一种荣誉刻在墓塔和墓碑上。

戒台寺具有授菩萨戒的资格，因而戒台寺也就成了代佛收徒的法坛，其在全国的佛教界中有着极高的地位，普天之下山南海北的僧人都以到戒台寺受戒为荣。历代朝廷对戒台寺都非常重视，特别是从明代以后，戒台寺开坛授戒必须要持有皇帝的敕谕，戒台寺的住持坛主由朝廷选派，并赐穿紫袈裟和委以僧录司的官职，由此可见当初戒台寺的地位之尊，影响之大。

2—36

2—37

菩萨戒是大乘菩萨所受持之戒律。又作大乘戒、佛性戒、方等戒、千佛大戒。反之，小乘声闻所受持之戒律，称小乘声闻戒。菩萨戒之内容为三聚净戒，即摄律仪戒、摄善法戒、饶益有情戒等三项，亦即聚集了持律仪、修善法、度众生等三大门之一切佛法，作为禁戒以持守之。解说菩萨戒之大乘典籍甚多，可综合为梵纲与瑜伽二类律典。《梵纲戒本》受戒之作法出于《梵纲经·律藏品》，其戒相为十重禁戒、四十八轻戒。不论出家、在家，皆可受持。《瑜伽戒本》出于《瑜伽师地论》卷四十、卷四十一，以三聚净戒、四种他胜处法为基准。虽亦道俗通摄，然必先受小乘七众戒而久已成就无犯者，方能受持。古代以瑜伽戒为主，今则盛行梵纲戒。天台宗之圆顿戒，即为梵纲戒。据梵纲经卷下所载，受持菩萨戒有五种利益：（一）十方诸佛愍念守护。（二）临命终时，正见心欢喜。（三）所生之处与诸菩萨为友。（四）功德多聚，戒度成就。（五）今世后世性戒福慧圆满。

菩萨戒乃优婆塞、优婆夷、沙弥、沙弥尼、式叉摩尼、比丘、比丘尼等七众戒外之

波罗提木叉（别解脱戒），菩萨之身分可在七众之中，亦可在七众之外，其尊贵处，乃由于涵盖而又超胜一切戒之故。《梵纲经》谓，菩萨戒为诸佛之本源、菩萨之根本，是诸佛子之根本。菩萨戒之性质，相似于八戒（八关斋戒），八戒亦为七众戒外之一种别解脱戒。但菩萨戒中，有些相似于八戒，故为"顿立戒"；有些则不同于八戒，而相似于七众戒之"渐次戒"，故菩萨戒之种类可分为二：（一）顿立而可单受之菩萨戒，（二）渐次而须先受三归五戒等之后再受的菩萨戒。

汉译藏经中较受重视之菩萨戒本或菩萨戒经有《菩萨璎珞本业经》、《梵纲经菩萨戒本》、《瑜伽师地论菩萨戒本》、《菩萨地持经戒本》、《菩萨善戒经戒本》、《优婆塞戒经戒本》等六种。若以顿渐二类分之，璎珞与梵纲属于顿立，其余之瑜伽、地持、善戒、优婆塞等戒经则属于渐次戒。

又我国菩萨戒之弘传始于鸠摩罗什（公元344～413年），于敦煌写本中有罗什撰之受菩萨戒仪轨一卷。至于受戒之作法则以昙无谶（公元385～433年）于姑臧（今甘肃武威）授予

2-38 戒台局部
2-39 威勇三颈大鹏像大药义

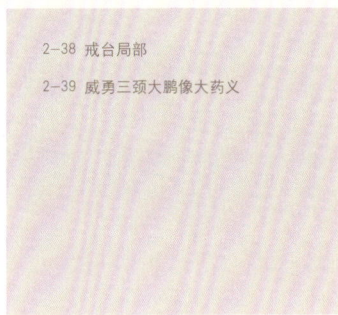

道进等十余人菩萨戒为嚆矢（hao shi，响箭。因发射时声先于箭而到，故常用以比喻事物的开端）。南朝梁、陈二代，受菩萨戒风气盛行。梁武帝、陈文帝均为菩萨戒弟子。梁武帝曾造立戒坛，诏请慧超授菩萨戒。复于天监十八年（公元519年）自发弘誓，于等觉殿从慧约受菩萨戒，太子公卿道俗男女从受者四万八千人。一说武

帝从智藏受菩萨戒。至隋代，文帝从昙延受菩萨戒，炀帝从智颢受菩萨戒，均称菩萨戒弟子。由此可窥知受菩萨戒风气盛行于我国之一斑。

2-39

第三章

松

戒台寺内外满山青翠，古树成林。其中，国家一二级保护树木就有83棵，树种有油松、白皮松、侧柏、国槐、银杏等。

戒台寺的古树中数量最多的就是松树，最著名的也是松树。清朝诗人赵怀玉曾写诗赞曰："潭柘以泉胜，戒台以松名。遥看积翠影，已觉闻涛声。入门各相识，俯仰如相迎。一树具一态，巧与造物争。"这首诗对戒台寺的古松进行了生动形象的描绘。造型奇特的古松千百年来一直是文人墨客竞相赞咏的对象。乾隆皇帝、曹寅、管绳来、张之洞、樊彬等，都曾写下赞咏戒台古松的诗篇。

自在松与卧龙松相对，在台阶上方左侧，此树老干舒缓，树叶婆娑，郁郁葱葱。一年四季虽然饮食餐霞，经磨砺劫，啸风映月，立霜傲雪，但却依然舒缓有效，仪表大方，怡然自得，逍遥安然。平淡之中更显得雅韵出姿，故名"自在松"。有诗赞曰，"天然姿势任倚斜，随意生来最足夸。世态炎凉浑不管，逍遥自在乐天涯"。

卧龙松位于大雄宝殿后面台阶上方右侧，十米多长的主干蜿蜒横生，鳞片斑驳，宛如一条祥云归来行将就卧的苍龙，懒洋洋的爬过石栏，舒适的卧在一块由恭亲王手书"卧龙松"三个大字的石碑上休息。此松植于辽代，现今已过千岁，早年寺僧用掐尖折枝的技法对树形进行了修整，因而使主干盘曲横生，后经过金、元、明、清等历代僧人的培育，从而形成了今天奇特的造型。民国时期著名的旅行家田树潘有诗赞曰："千载古松号卧龙，居然雨露受尧封，历经多少沧桑感，治乱兴衰不动容。"

自在松
卧龙松

3-1

3—2

3—3

在戒坛山门的右侧，有一株气势磅礴、体形高大的白皮松，游人伫立树下，移目上观，但见古松主干的分枝处，九条硕大的枝干如九条银龙腾空而起，向苍空扑展而去，最后隐身在密如浓云的松叶里。这株劲松，就是自明、清以来就享有美誉的戒台奇松——九龙松。

九龙松植于辽代，按其树龄来说，可称得是"千岁

九龙松

戒
台
寺

84

3-4 九龙松

3-5 九龙松局部

3-4

爷"了。但它生机勃勃，叶茂枝繁，颇有点"老而弥坚"的气概。

早在四百多年前，明代文人蒋一葵在《长安客话》里就对这株古松进行过描述。他写道："辽金时所植松今尚在，围抱可四五人，高不三丈，荫布一庭，枝干径二尺。虬曲离奇，可座可卧。游人每登其上为巢饮云。"他还引了一首当时文人朱宗吉写的《戒坛观松诗》："宝树倚晴峰，婆娑月影重。叶深藏观鹤，枝老作虬龙。拂殿青阴合，凌霜翠色浓。山僧时向客，聊尔说秦封。"从这些记述文字和诗文里，我们既看到明朝"九龙松"的景况，也仿佛看到当时游人到树上"坐卧"，"为巢饮云"的习俗。数百年过去，现在的九龙松高已近20米，覆荫面积达500平方米，主干直径已近六尺，可以说是"今非昔比"了。盛夏时节，我们在九龙松下席地乘凉，回味一下古人写的诗句，遥想千年古松的历代变迁，会别是一番情趣。

莲花松位于地藏院内。壮观挺拔，树干粗壮笔直，直指苍穹，树枝有的向上，有的横生，枝条匀称，层次分明，如同一朵巨大的莲花，由此得名。这棵松树是戒台寺生长最茂盛的一棵古树，有人为它作诗："根下坐□笔，层层已荡胸。因参释迦法，顶上坐芙蓉。"

抱塔松位于戒台山门的前方北侧，五米多长的主干横空跨跃过台基边沿上的矮墙，两条粗大的枝杈扭转着盘绕在台基下方辽代名僧法均大师墓塔的两侧。现在此树虽然仅存右侧的一根抱塔主枝，但仍不失古松抱塔的风韵。清代的李恒良在他的《戒台古松歌》里，有这样两句诗"怒涛夜吼雷雨声，抱塔古松啼月黑"。记述了民间流传的一个故事。法均大师是普贤菩萨下凡，玉帝派了一条神龙前来保驾，因法均常年在戒坛大殿讲经，于是神龙就化为一棵青松，守卫在门前。法均圆寂后，墓塔就建在松树旁台阶的下方。在一个雨狂风吼的夜里，"龙松"怕霹雷将法均的墓塔击倒，于是就铺身向前，用两只前爪，紧紧地抱住了墓塔，因而形成了现今的古松抱塔的奇观。

莲花松
抱塔松

3-6 莲花松

3-7 抱塔松（1921年拍摄）

3-8 抱塔松

3-7

3-8

松
—
87

龙凤松在天王殿院内，是两棵古松的合称。龙凤二松在甬道两侧南北分列，径围均有一抱多粗。甬道南侧的一枝古松树干略向东倾，而高挑的树尖却扭向北面，尖顶上的小枝折曲呈三角形，恰似凤头。更为奇特的是此树东面没有侧枝，而西面枝繁叶茂，数条细长的侧枝自然垂下，宛如凤尾，整棵松树好像一只昂首挺立美丽端庄的凤凰，给人以女性所特有的安详秀美的阴柔之感。

　　与凤树相比，甬道北侧的一株古松却另具形态，此树老干上遍布虬结，老皮片片微翘，宛如苍龙的鳞甲。从树的整体来看，敦实粗壮，具有一种阳刚之气。树干扭曲盘结，宛如苍龙翘首，扭头向南。两棵古松相距数丈，但树顶的主枝几乎相连，恰似龙凤交颈，给人以无限遐想。明代施闰章在《宿西山戒坛》中所说的"入门二松石"指的就是这龙凤二松。

　　菊花松位于后花园。此树西面有几棵古松柏生长在高台上，菊花松在西面争不到阳光，因此树的枝杈全部长到东部，像千条小溪往下流水，也像一个天然瀑布。站在高台上看像一朵盛开的菊花，由此得名。

　　凤尾松位于大雄宝殿

龙凤松
菊花松
凤尾松

前，甬道北侧。此松的形态
与凤松相似，所不同的是树
顶上没有高挑的凤头，枝条
更加繁茂，线条更加流畅，
舒展自然，宛如美丽的凤尾。

3-11

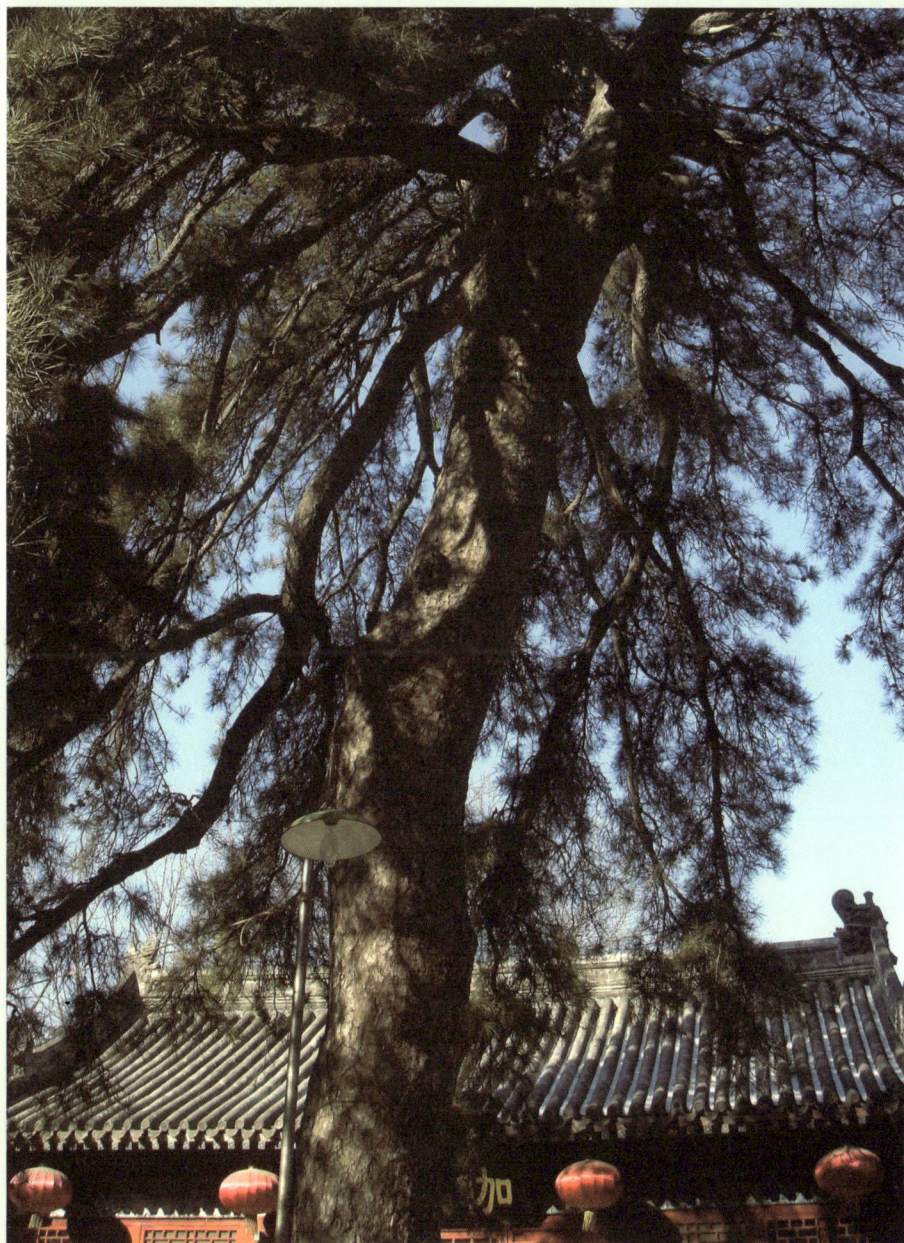

3-10

3-9 龙凤松
3-10 凤尾松
3-11 菊花松

松

89

自在松南边的方丈院外，有一棵久负盛名的松树——活动松。"活动松"是乾隆皇帝于清乾隆二十九年（公元1764年）题名的。这株古松，树冠呈伞形，数不清的枝杈互相牵连，上下交错。人们站立牵动一杈树枝，树冠上的许多枝杈也会跟着瑟瑟抖动，大有"牵动一枝动万枝"的奇景。

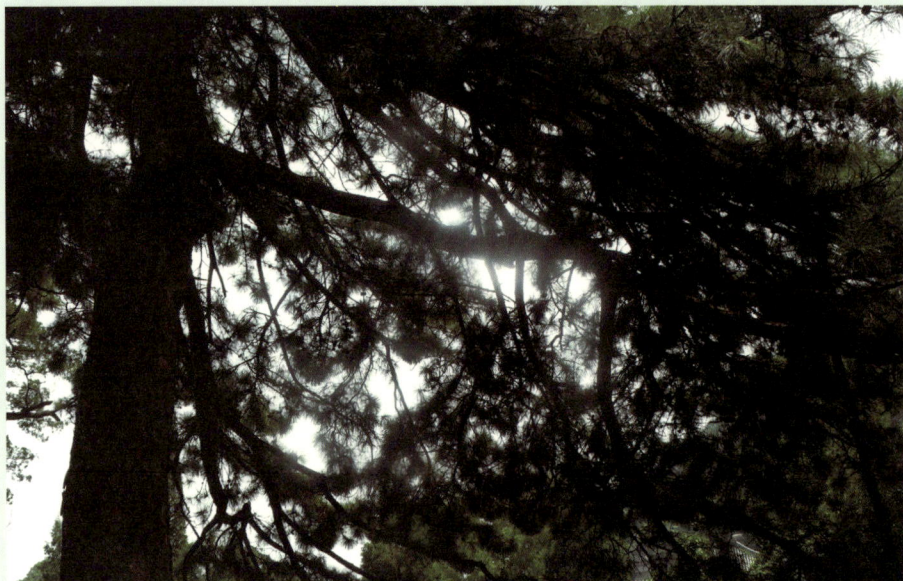

3—12

活动松

3—12 活动松局部

3—13 活动松

乾隆皇帝来寺中观览时，对活动松颇感兴趣，常牵动松树的枝杈树冠抖动。他曾写有《戏题活动松》三首诗，现在刻在松下那浑圆石碑上。第一首写于清乾隆二十九年（公元1764年），诗句刻在石碑的正面：

"老干棱棱挺百尺，
缘何枝摇本身随？
咄哉谁为擎其领，
牵动万丝因一丝。"

第二首写于清乾隆四十四年（公元1779年），诗句刻在石碑的背面：

"摇动旁枝老干随，
山僧持以示人奇。
一声空谷千声应，
借问神通孰所为。"

第三首写于清乾隆四十八年（公元1783年）：

"干为本自枝为末，
末动何由本乃随。
设使喻夫孝与义，

倒阿吾实惧乎斯。"

来戒台寺的中外游人，看过乾隆皇帝的题诗后，往往来到活动松的东南角，踮足举臂，试一试"活动松"的神奇处。只要在树冠的东南方牵动松枝，这株古松一般是会瑟瑟抖动的。

考察一下活动松"活动"的原由，大体有这样的道理：这株枝杈平展的古松，树冠向东南方向倾斜，枝干和主干的长度基本相等，这样就形成了整个树冠重心移向东南侧的局面。我们在东南方向向下牵动一杈松枝，就造成力的不平衡，加上树上松枝互相盘缠，难免就形成"牵动一枝动万枝"的情景了。

令人颇有点遗憾的是，游人所见到的这株"活动松"，已不是当年乾隆帝题诗的那株古松了。据清人著的《日下旧闻考》一书记载：

"千佛阁前恭立了御题活动松诗碑"，别的史料也有"活动松在千佛阁右前方"的记述。那么，当年的活动松哪儿去了呢？据《国民杂志》说，那株古松是在恭亲王奕訢于戒台寺内整修自己的邸院时，匠人因不慎造成火灾，活动松也被烧毁了。后来，僧人们选了寺院南角的这株与早先的活动松相似，同样有"活动"神奇趣味的古松，

接替了"活动松"的"御封"名号，并将诗碑也迁到这颗松树下。这虽然有"冒名顶替"之嫌，然而，却遂了众人的心愿，人们也就不过多的追究"真伪"了。

3-13

戒台寺的松树有的很弯曲，不成材，但是这些松树，经过千百年风霜雪雨的磨砺，都有一种内在的美。这些古松造型奇特，有很高的欣赏价值，同时也具有盆景的特点。中国的盆景大体上分为三种：一种是悬崖式盆景，如戒台寺抱塔松；第二种是直立式盆景，如戒台寺九龙松和莲花松；第三种是曲径斜坡式盆景，如戒台寺卧龙松。著名的书画大师董寿平老先生画了一辈子松树，但是他最喜欢的还是戒台寺的松树。

3-14 戒台寺的松
3-15 龙松（见下页）

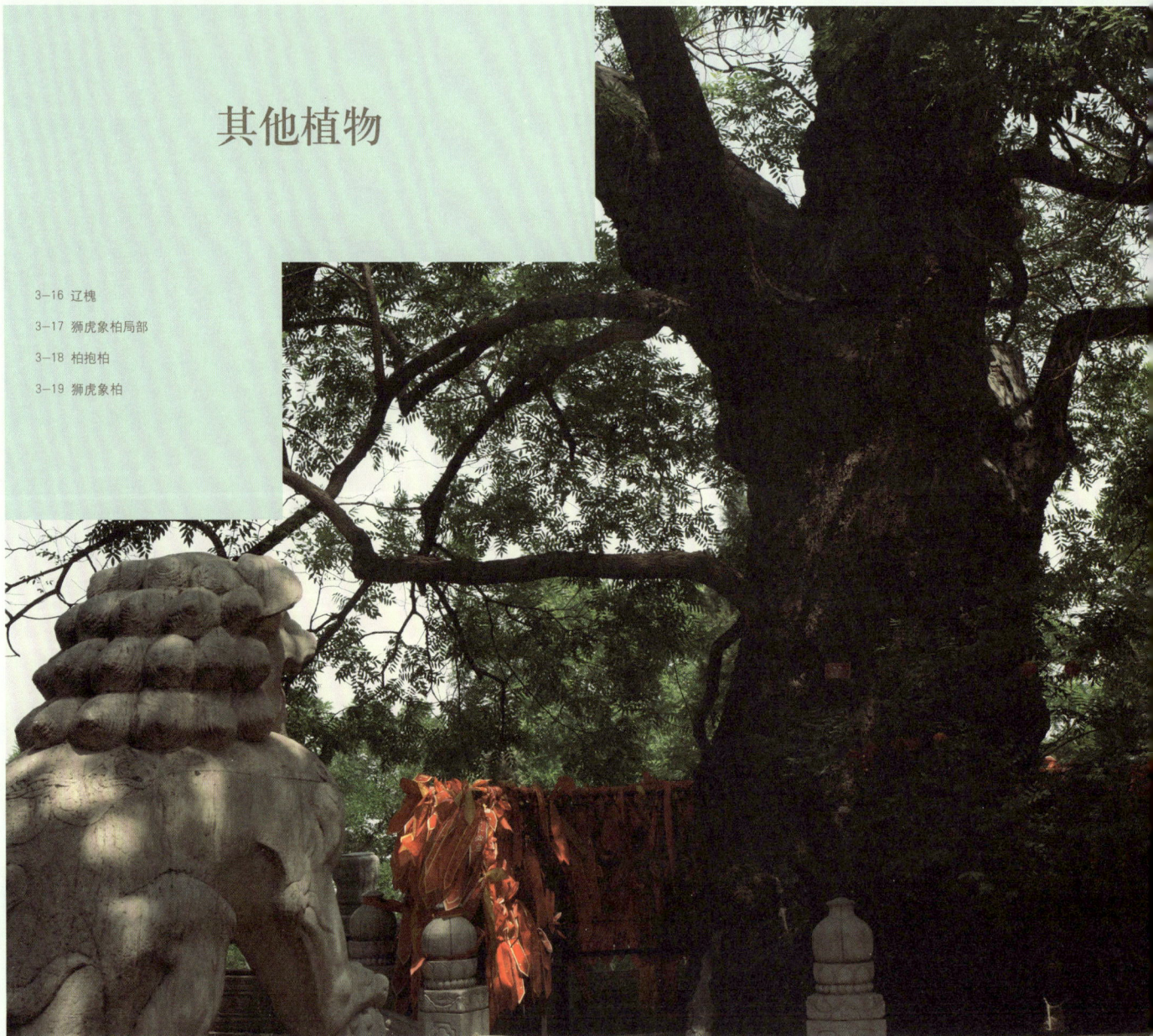

辽槐位于山门殿前，植于辽代，至今已有千年树龄，树种为国槐。其胸径达 1.5 米。此树不甚高大，枝叶稀疏，显得老态龙钟。但是它永远不忘职责，镇守山门千年，有人作诗赞美它："观古槐历经千年，兴兴衰衰日月失年。光阴速闪电一年，勤恳恳守门午年。"

柏抱柏位于卧龙松西边六七米远，是一棵侧柏，有近千年树龄。上世纪九十年代，在这棵树东北枝杈上，没有经过嫁接长出一棵一米多高的桧柏。近年在这棵柏树主干与枝杈的交叉处又长出一棵桑树，桑树和柏树不同科不同属，一起生长互不排斥，实属罕见。

狮虎象柏位于九龙松南 100 多米处，是一棵粗壮的侧柏，有千年树龄。树干离地面一米多高的部位长了一个直径一米多、高近一米的大树疤，远看像一个虎头，有鼻子、眼、嘴。近看是一头大象，有头、眼、鼻子、脖子、耳朵、大肚子。树疤的右下部形似狮子头，上面是庞大的身躯，左面是后腿和尾巴，是一个完整的卧狮形象。

其他植物

3-16

3-17

3-18

3-19

　　戒台寺除了拥有众多的古树，还有许多美丽的花卉，其中有不少是珍贵的品种。每年从四月开始，连翘、丁香、玉兰、锦带、牡丹、芍药、金银花、白桃花、太平花、榆叶梅、紫薇、碧桃、珍珠梅等相继开放。六月，寺外满山的木兰牙树开满黄色的花朵，把戒台寺团团包围。寺内红墙绿树，寺外黄花遍野，如此独特的风景，唯有在戒台寺才能得见。身处其境，花香袭人，赏心悦目，解忧忘烦。

　　1997 年 4 月，中国科学院植物研究所的一级研究员余树勋、董保华两位教授来戒台寺考察。经过采质、取样等方式测定，他们惊喜地发现，这里的 20 棵古丁香的树龄都在 200 年以上，其树龄之古，数量之大，在北京地区堪称第一。两棵古锦带的年龄竟达 150 年以上，这在整个华北地区是绝无仅有的。19 株古牡丹也已生长了 200 年以上。两位专家欣喜若狂，随即为这些古老的花卉分别出具了鉴定书。

古丁香是戒台寺公园最珍贵的花木之一，现院内共有丁香1130棵，其中树龄在200年以上的就有20棵之多。如此古老的丁香，即时是在故宫的御花园也才仅有两棵而已。在北京植物园虽然也有种植，但是无论是树龄、树貌还是树高、粗细程度，都根本无法与戒台寺的丁香相比。戒台寺的丁香古老、高大、粗壮、芳香、树形多样，数量众多，在北京地区是首屈一指的。

戒台寺的古丁香遍布寺内各处，一般都高达5至6米，树冠直径为6至9米，遮荫面积30至70平方米，最粗的一颗在牡丹院内，树干经围达70厘米。最古老的一棵在千佛阁前北侧，其主干已近300年，虽然已死，但其旁边滋生出来的枝干年龄也已达200年以上。戒台寺的丁香以白色为主，间有紫色，最大的一颗紫丁香在千佛阁右侧。

戒台寺的丁香是大有来历的，据说清高宗皇帝弘历于乾隆十八年(公元1753年)第一次到戒台寺来游玩时，见寺院内外苍松翠柏，满目青绿，虽然景色很美，但是白玉微瑕，色彩上略显单调了些，就问寺内的方丈："如此人间仙境，为何满目只是

3—20 连翘(见上页)

3—21 古丁香

3—22 古丁香

3—23 屋脊、古丁香

苍松翠柏，而不见红花绿草？这岂不是乏味？"方丈说："此乃佛国圣地，不敢再种凡俗花草，只有仙花瑶草才能得配，但名花难觅。"乾隆皇帝说："来日朕命内侍从畅春园选些花木赐予你们，给宝刹增辉，但不知何种花木适宜？"方丈说："本寺每年在佛诞日都要用名香浸水，沐浴佛祖，就请万岁赐些芳香的花木吧。"乾隆问身边的太监："何种花木最香？"太监回答说："畅春园内花木香气最重者，当属丁香。"于是乾隆就命人从畅春园内移植来 20 棵丁香，种进戒台寺内。转眼百年，畅春园作为圆明园的一部分，已于 1860 年被英法联军烧毁，因而戒台寺的古丁香也就成了绝无仅有的一处了。

3-22

3-23

锦带是戒台寺又一种珍贵花木，现在大雄宝殿前左右两侧各种有一株锦带花，其年龄均已达150年以上，这在整个华北地区都是绝无仅有的了。锦带又称五色海棠、山脂麻、文官花、花为紫玫瑰色，花冠呈漏斗状，钟形，外面颜色深，里面颜色浅，花初开时颜色深，后期变浅，每年从4月开花，花期可长达半年之久。锦带

3-24

戒台寺

102

3-25

花十分艳丽，因其成串的花朵排列在枝条上，美如刺绣而成的锦带，故而得名。

大雄宝殿前南侧的一株锦带共有四个大枝，最粗的一枝直径达8厘米，高1.6米。北侧的一株高达2米，冠部直径达2.6米，如此高达而古老的锦带花实属难得。据说这棵古老的锦带也是来自畅春园，品种名贵，非民间所有。

牡丹花是戒台寺的骄傲，早在清代就有种植，据说是乾隆皇帝二十九年（公元1764年）一游戒台寺使得赏赐，当时就种在了作为行宫设置的北宫院。清光绪十年（公元1884年），恭亲王奕訢被慈禧太后免职，而到戒台寺来"养疾避难"，就住在了北宫院。奕訢出资，对北宫院进行了大规模的整修，并从恭王府又引种来了

一些名贵品种的牡丹花，在院内广为栽种。因北宫院内牡丹满园，故而人们称这里为"牡丹院"。牡丹院的牡丹花品种名贵，大多为色彩艳丽，花朵硕大的千层牡丹，除了红、白、粉、黄等颜色外，这里还有奕訢亲手栽种的珍贵品种黑牡丹。

牡丹又称木芍药，洛阳花，花王，花朵硕大，色彩艳丽。戒台寺有二百年以上

历史的牡丹花大多集中在牡丹院，其中最大的一棵在里院北房门前东侧，植株高达1.6米，主枝直径10厘米，冠部直径达2米，单朵花的花冠直径达50厘米，厚20厘米。恭亲王奕訢亲手栽种的那颗黑牡丹在里院的东北角，其花色呈粉红，但花瓣内侧的筋脉呈黑色，越往花心处，黑色越深，实属罕见。如此古老的牡丹至今仍生机勃勃，

并且还能开出如此硕大娇艳的花朵，除戒台寺外，在北京地区任何地方都难得一见。

太平花是戒台寺的另一种名花，主要生长在方丈院前台基的边缘，以及直上直下的台基侧壁上，共有30余棵。太平花又叫北京山梅花，一般高度为1至2米，但这里的太平花却高达3米有余，其中最粗壮的一棵竟长在直立的崖壁上，十分奇

特，具有很高的观赏价值。太平花的花朵较小，花色乳白，有一股特殊的清香气味。戒台寺的太平花已有百岁高龄了，是很难得的古老花卉。

松

103

3—26

3—27

戒台寺内花木最多的地方是后花园，这里原来是方丈院，自明代以后开辟成了花园。这里花木繁多，姿态各异，其中主要有玉兰、丁香、锦带、牡丹、太平花、芍药、连翘、榆叶梅、珍珠梅、金银花、西府海棠、紫薇、碧桃等，真是姹紫嫣红，争芳斗艳。此外这里还有形态奇特的龙枣、粗壮高大的银杏树以及数棵高大挺拔的苍松翠柏，著名的菊花松也生长在这里。步入后花园，给人一种赏心悦目、心旷神怡、如痴如醉、美不胜收的感觉，如同到了瑶池仙境一般。

3-29

松

105

3-30

第四章

塔

塔院在戒台寺后花园的西北角，有两座建于辽大康元年(公元1075年)的古塔－法均和尚塔，此两塔是现今京西僧塔中最古老的密檐式砖塔，比潭柘寺下塔院中现存年代最久、建于金代天普年间的海云禅师塔还要早半个世纪。法均和尚墓塔旁有京西现存最古老的碑刻，特别是那只驮碑的赑屃还是辽代的原物。这一组建筑是研究辽代建筑和石刻艺术难得的实物样品，是寺中珍贵文物中的精品。

法均大师塔在后花园西北侧，两座均为密檐式实心砖塔。建于辽大康元年（公元1075年）。北边一座七层八角密檐塔是法均和尚墓塔，塔基为须弥座造型，上面由三层仰莲托起第一层塔身，砖仿木结构。四个正面均有砖雕花棂门，四个侧面

为琐文窗。上有砖仿木斗拱承托的七层檐，塔顶为莲花托宝珠造型。塔铭刻"大辽故崇禄大夫守司空传菩萨戒坛主普贤大师之灵塔，大明正统十三年（公元1448年）中秋日筑坛知幻道孚重建"字样。塔前有石碑立于赑屃之上，上刻"马鞍山故崇录大夫守司空传菩萨戒坛主大师遗行碑铭并序"，记述了法均大师的生平迹行。驮碑

赑屃是辽代的原物，身体细长，嘴角没镣牙，足边也没有云纹、水纹或火焰等龙子的标志，是驮碑赑屃的早期形象。南边五层八角密檐塔是法均和尚衣钵塔，建筑形制与墓塔相同。

在戒坛院的山门外，立有三座石经幢，南侧两座为八面石柱形，下面是须弥座，上有伞状装顶盖，中部的石柱上刻有"尊胜陀罗尼经"，这是为了纪念律宗大师，戒坛的肇建者法均大师而立的。左边的石经幢立于辽大康元年（公元 1075 年），幢文"皆追荐普贤大师以答慈荫者。文并典雅，书亦秀整有法，辽刻之卓卓者"，右边的石经幢立于辽大康三年（公元 1077 年），是法均大师弟子，"传戒大师讲经论赐紫沙门裕经"所立，德滋作序，幢文后面有崇国寺大兜率邑邑人前管内在街僧录净慧大师赐紫沙门裕方等赞助人题名，均为法均大师的弟子及徒孙。这两座石经幢保存基本完好，只是字迹已有些模糊，不易辨认了。

在北侧还有一座立于元代至正二十八年（公元 1368 年）的石经幢，上面刻"大都鞍山慧聚寺月泉新公长老塔铭并序"，幢顶为石刻宝珠。记述了元代至正年间，戒台寺住持月泉律师的迹行。月泉，俗姓郭，名同新，字仲益，燕都房山神宁太平里双明居士次子。12 岁在戒台寺出家，拜坚公长老为师。后出外游学，至元初年应请任戒台寺住持。在此

经幢塔

期间他整修寺院，增添庙产，栽植树木，绿化荒山。并开坛演戒，弘扬佛法。至元六年（公元 1269 年），奉帝师之命任济南灵岩寺住持。至元二十二年（公元 1285 年）圆寂。骨灰分葬 3 处，其中一处在西峰寺，并建经幢式墓塔，民国初期移至戒台寺内。这座石经幢其实是一座经幢式墓塔，这种样式在辽、金、元三代比较流行。

4-1

4-2

月泉和尚墓塔为八面石柱形石经幢式，上有石檐，下有须弥座。在石檐上雕刻有八幢精美的浮雕伎乐图。正中一幅为舞蹈造型，另外七幅均为伎乐人，手持乐器，袒胸跣足，边奏边舞，形象生动，颇具动感。伎乐人手持的乐器各不相同，分别为琴、曲颈琵琶、排箫、龙首笛、贝、笙、拍板。其中曲颈琵琶是中亚伊斯兰国家的乐器，贝和龙首笛是印度的

乐器，琴、排箫、拍板、笛是中国传统乐器。将这些不同国家不同风格的乐器综合在一座石经幢式墓塔上出现，这种情况在别处难得一见。这一方面表明了佛教音乐博大精深，对各国乐器兼收并蓄，另一方面也说明了古代戒台寺与海内外的交往甚广，以及其在我国佛教界中占有重要的地位，吸引了普天众多的游僧，可见当时香火之盛。

4-3

4-4

位于寺院东南约一里外，与戒台寺一涧之隔的一座平头小山上，是戒台寺历代僧人墓地，现存墓塔13座，其中包括一座密檐式砖塔和12座覆钵式塔。

知幻大和尚灵塔位于戒台寺马鞍山上，坐北朝南，九层密檐式，最下为塔基，每边宽3.9米，高0.9米，八角形须弥座高5米，宽2.2米，塔身有门窗，为汉白玉卍字纹门窗，每层均有斗拱二翘五踩，转角斗拱上有云纹，莲花瓣，全高约16米。塔铭为"大明僧录司左讲经兼万寿寺开山第一代主持钦依筑坛主知幻大和尚之灵塔"，塔前有碑，记述知幻行实：俗姓刘，讳道孚，字信庵，别号知幻（公元1401—1456年），世代为江浦望族，母偶得异梦而娠，师降生后，昼夜啼哭不歇，抱到邻近的接待寺为沙弥后，才止住哭声。大师幼时即仪表端严，眉宇森秀，高额深目，大耳方口，梵音清畅，带领群童筑沙为塔，善习表于儿戏，利根发于童心，释礼矩仪，动如宿习，人皆疑大师即罗汉再世。7岁拜京城灵谷寺庆叟为师，聪慧勤奋，终日研经拜佛，十余年后即识大义，通涅槃，名震天下。

东南塔林

4-5 东塔林
4-6 知幻大和尚灵塔

宣德帝召师到紫禁城，左右参朝，翼翼勤慎，始终如一，帝赐西服茜衣，大师坚辞不受。大师常在文华殿楷书大字，宣德帝俯案视之，盛赞"高僧书法胜中华"。他还在内廷为宣德帝讲经说法，演瑜伽，上为之动容，坐听击节，叹赏以为灵山胜会。明宣德四年（公元1429年）大师离京到江南遍历名刹，在观翁指导下游五台，见文殊，顿悟梵音精妙，眼前空华遍界，遂自号"知幻"。

明英宗闻其名召之，见其额头高耸，龙颜大悦，呼为凤头和尚。因大师宏才硕德，精研佛经，英宗赐大师为僧录讲经。马鞍山大慧聚寺在元代时毁于兵火，司礼监太监阮简发愿重修，大师不忍名刹废弃，前往马鞍山主持修建。工程自明宣德九年（公元1434年）起，至明正统五年（公元1440年）止，历时7年。英宗赐名"万寿禅寺"。明正统六年（公元1441年）大师鸠工修缮戒坛大殿。明正统十三年（公元1448年）重修崇禄大夫守司空传菩萨戒坛主法均大师灵骨、衣钵二塔。

明景泰丙子年（公元1456年）先六月十日，饮食讫，沐浴更衣，坐堂别众。曰："昔本不生，今亦不灭，云散长空，碧天浩月。"师端然而逝，时值酷暑，遍体异香馥郁，颜面如生。景泰帝谴官谕祭，公侯以下前往吊唁，荼毗得舍利若干。

孚公大师俗寿五十有五，僧腊四十有九，手度缁流数万，门下弟子比丘约千余辈，皆修禅秉律，分作人师。大师著述有《定制戒本》、《戒牒》等文，偈颂诗章若干篇，博学多才，光大法门，为出家人之豪杰。

较大的一座覆钵式砖塔位于密檐塔北侧约20米处，塔身外包砌的青砖大部分已剥落，塔刹尚存，刹顶为莲瓣式圆盘托宝珠。其余均为清代墓塔，比较矮小，且破损严重。

原有明嘉靖年间的亮公和尚塔、明成化二十三年（公元1487年）光辉大和尚塔、明天启三年（公元1623年）然公知心和尚塔以及古音韶公宗师塔、天然和尚塔，南边还有辽金时的僧塔，现大部分已不存，有的因缺损严重而无法辨认。

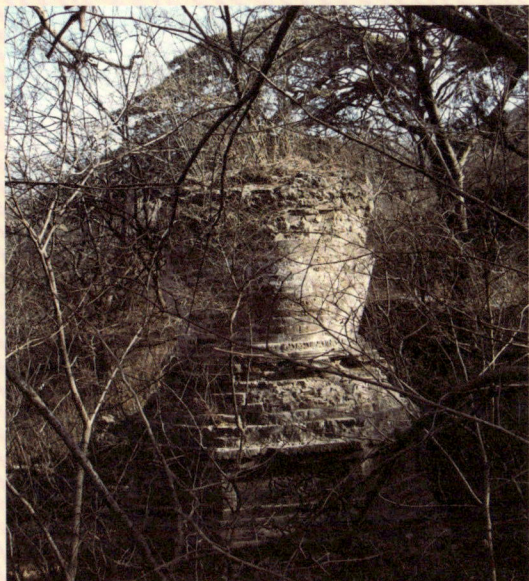

东塔林位于戒台寺东，南北为山，西为戒台寺。建于清代，坐北朝南。

宗公禅师灵塔

形制同上，铭为"庄严圆寂戒台万寿堂上阶院上邵下印宗公禅师灵塔，清嘉庆十年（公元1805年）八月"。

度博□公和尚灵塔

覆钵式砖塔，全高三米。方石台基带踏步，石砌须弥座束腰部有雕花，塔身细长，有汉白玉塔铭："庄严圆寂戒台堂上中兴第一代上度下博□公和尚灵塔，清乾隆五十九年（公元1794年）岁次申寅三月吉日建"。叠涩式石塔脖子，十三重相轮青石塔刹。

东塔林

4—7 东塔林
4—8 灵塔

禅公和尚塔

形制为覆钵式塔，铭为"庄严圆寂戒台万寿堂第四代传临济第四十世上治下天禅公和尚竞临宝塔，道光□年八月"。

□通公和尚灵塔

铭为"庄严圆寂戒台万寿堂第四十二世第五代上修下□通公和尚灵塔，清同治元年（公元1862年）"。

照公老和尚灵塔

形制为覆钵式塔，铭为"庄严圆寂戒台堂上中兴第三代上临下远照公老和尚灵塔，清道光十五年（公元1835年）己未六月吉日建"。

泰公老和尚灵塔

形制为覆钵式塔，铭为"庄严圆寂戒台堂上中兴第二代上广下安泰公老和尚灵塔，清嘉庆十二年（公元1807年）"。

4-10

4-9 东塔林灵塔
4-10 灵塔

文海公和尚灵塔

覆钵式塔，砖石结构，通高4米，1941年4月立。方石基座，有踏步。方须弥座，束腰有雕花，高1.25米，宽2.2米。汉白玉塔铭："庄严圆寂戒台万寿堂上第四代传临济正宗第四十四世上尤下文海公和尚灵塔。"十三天相轮青石塔刹。

西塔林位于戒台寺西。四座塔均为覆钵式，砖石结构。塔一，通高4.5米，八角形须弥座，高1.6米，宽1.7米，塔身直径1.6。上为十三天相轮塔刹，塔铭为"大明成化二十三年（公元1487年）"。塔二，八角形须弥座，座高1.2米，宽1.4米。十三天相轮塔刹，塔铭为"顺治十二年（公元1655年）"。塔三，高2.2米，方形须弥座，高1.4米，宽1.4米，圆塔身，枣核形十三天相轮圆塔刹，无塔铭。塔四，八角形须弥座。上述四座塔均不存。

西南塔林位于戒台寺西南，坐南朝北，四座塔均为覆钵式，砖石结构，建于明代。塔一，八角须弥座，宽1.2米，圆塔肚子，上为十三天相轮塔刹（已拆），塔铭无存。塔二，八角须弥座，高1.6米，宽1.7米，圆塔肚子，上为十三天相轮塔刹（已拆），塔铭无存。塔三，仅存须弥座，高1.3米，宽2.2米，塔肚直径2米，束腰处雕佛像，塔身无存。塔四，方形须弥座，高1.6米，宽2.2米，塔肚直径2米，高2.5米，十三天相轮塔刹已毁，塔铭为"大明万寿寺第五代主持钦依传戒尊师正传大和尚之灵塔"。四塔皆已不存。

西塔林
西南塔林

4—11

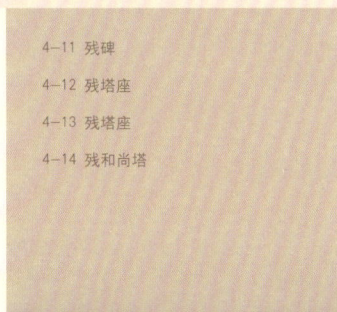

4—12

4—13

上实下长公灵塔

位于马鞍山上，坐西朝东。覆钵式，砖石结构，高2米，直径2.78米。方须弥座，高0.86米，边长1.01米，十三重相轮塔刹。塔铭"□□临济正宗第十九世示寂比丘上实下长公灵塔，清光绪十一年（公元1885年）五月十一日立"。

有公和尚塔

位于戒台寺西北2里山坡上，东南向，砖砌，塔铭"庄严圆寂关帝堂上第二代上玄下失有公和尚灵觉"。今已不存。

十方普同塔

位于戒台寺北，建于明代，坐西朝东，覆钵式，砖石结构，全高约5米。方石座高1.05米，边长4.3米，叠涩式须弥座，束腰有雕花。八角塔脖子，十三天相轮石塔刹。塔铭"嘉靖癸亥（公元1563年）仲春吉旦，十方普同塔，御马监太监马玉建"。

大云和尚塔

建于明代，形似花瓶，圆座，铭为"成化十四年（公元1478年）本师大云和尚觉灵"。今已不存。

4—14

第五章

碑

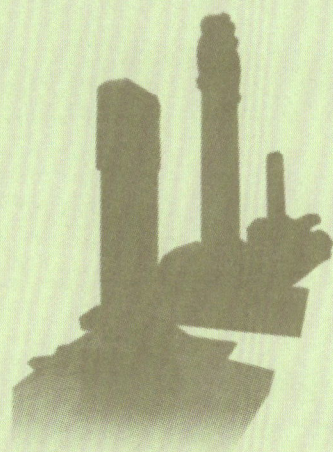

戒台寺历史悠久，古碑林立，碑文记述了戒台寺的盛与衰，是极其珍贵的档案资料。

辽法均大师遗行碑，碑圆首，额雕二龙戏珠，篆"故坛主守司空大师遗行之碑"。碑高2.42米，宽1.15米，厚0.25米。龟趺座。辽大安七季岁次辛未（公元1091年）闰八月戊戌朔壬午日乾时建。楷书26行，满行62字。碑轻微风化腐蚀。首题：马鞍山故崇禄大夫守司空传菩萨戒坛主大师遗行碑铭并序。朝议大夫乾文阁直学士知制诰充史馆修撰骑都尉太原县开国子食邑五百户赐紫金鱼袋王鼎撰并书，法孙比丘悟惚篆额。主要记述法均大师生平行实。法均，生于辽开泰十年（公元1021年），16岁时在京西紫金寺出家，拜非辱律师为师，学习律宗佛法。辽清宁七年（公元1061年）春奉诏在燕京整理佛经，同年秋季出任燕京三学寺论主。一年之后因成绩卓著，朝廷授紫方袍，并赐德号"严慧"。后退隐马鞍山慧聚寺。从辽咸雍五年（公元1069年）开始，法均带领僧众，广募资财，对慧聚寺进行了大规模整修，建戒坛一座。辽咸雍六年（公元1070年）四月戒坛建成后，开坛演戒，讲经说法，"来者如云"，每天数以千计。就连当时与辽国对峙的北宋境内的佛徒，也冒险越

辽法均大师遗行碑

5-1 龟趺

5-2 辽法均大师遗行碑

5-3 辽法均大师遗行碑拓片

5-1

境，前来听讲。同年十二月，辽道宗召见法均，授其"崇禄大夫守司空"，称其"行高峰顶松千尺，戒净天心月一轮"，多次在宫内设坛，请其讲述经文。为了表示对他的褒奖，还把自己亲手抄写的金字《大乘三聚戒本》赐予法均。该戒本后被佛门视为律宗正统代表的信物，戒台寺也由此成为律宗领袖。此后法均又应请到各地讲经，"前后受忏称弟子者五百余万"，在辽国"自古及今，未之有也"。

辽大康元年（公元1075年）三月初四，法均在戒台寺圆寂，辽道宗派掌管宗庙礼仪的最高长官、太常少卿杨温峤到戒台寺专程吊唁并料理法均大师后事。出殡当天，万众嚎哭，数百人戴孝送行，十余人舍身殉葬。当年四月二十八日火化，五月十二日在方丈院建塔。碑现立戒台寺法均大师塔前。

5-2

5-3

金传戒大师悟敏遗行碑，碑汉白玉质，圆首，额雕二龙戏珠，篆"传戒大师遗行之碑"。碑高 3.64 米，宽 1.25 米，厚 0.28 米。龟趺座。风化严重，部分字已较难辨认。大金天德四年(公元 1152 年) 立。楷书 29 行，满行 70 字。首题：传戒大师遗行碑。开府仪同三司致仕上柱国郓国公食邑三千户食实封叁佰户韩昉撰文。朝列大夫行尚书吏部员外郎兼司计知铨骑都尉广陵县开国男食邑三百户赐紫金鱼袋高衍书丹。朝散大夫充翰林待制同知制诰上骑都尉清源县开国子食邑五百户赐紫金鱼袋王竞篆额。记述悟敏大师遗行。悟敏为戒台寺第三代住持坛主。"主大道场凡二十有二"，受忏者五百余万。天庆九年(公元 1119 年)，受天祚帝召见，赐穿紫袈裟，赐德号"传戒大师"。碑现立戒台寺观音殿下方。

明知幻大师行实碑，碑额高浮雕双龙，篆"敕建万寿大戒坛僧录司左讲经知幻大师行实碑"。碑石灰石质，高 2.6 米，宽 0.98 米，厚 0.28 米。龟趺座。轻微风化，保存完好。大明成化九年（公元 1473 年）立。楷书 28 行，满行 76 字。首题：敕建马鞍山万寿大戒坛第一代开山

金传戒大师悟敏遗行碑
明知幻大师行实碑

5—4 金传戒大师悟敏遗行碑拓片

5—5 金传戒大师悟敏遗行碑

5—6 明知幻大师行实碑

大坛主僧录司左讲经孚公大师行实碑。资善大夫正治上卿礼部尚书前太子宾客国子监祭酒毗陵胡滢撰文。中顺大夫太常寺少卿兼经筵侍书直文华殿广平程南云书。知幻，俗姓刘，名道孚，字信庵，生于明建文三年(公元 1401 年)，"世为江浦望族"。7 岁时在南京灵谷寺出家，拜庆叟和尚为师。后来又到天童寺，拜在观翁长老门下。明宣德元年（公元 1426 年），宣宗皇帝命观公长老为庆寿寺钦命住持，知幻也跟随来到北京。此后知幻出入宫禁之中，为皇室讲经，宣德皇帝赐其穿西服茜衣。明宣德七年（公元 1432 年），知幻西游五台山，自认为参透了红尘，人生如幻，遂改号作知幻。明宣德九年（公元 1434 年），皇帝拨重金重修戒台寺，命知幻为戒台寺住持坛主，主持重修工作，对戒台寺进行了长达 7 年的大规模整修，今天的戒台寺基本保持着明代时的风貌。明正统元年（公元 1436 年），英宗皇帝召见知幻，授以他"僧录司左讲经"之职。英宗见知幻"仪表雄特，顶迈隆起"，称他为"凤头和尚"，知幻谦称自己是"鹅头"。明正统六年至八年（公元 1441－1443 年），知

传戒大师遗行碑

5-4

5-5

5-6

幻主持重修了戒坛大殿和戒台，又于明正统十三年（公元 1448 年）整修了法均和尚墓塔。英宗皇帝为了能经常与知幻谈论佛法，而在北京城内居贤坊为戒台寺修建了一座下院，作为知幻进城后的住所。明景泰七年（公元 1456 年），知幻圆寂，后人尊其为明代戒台寺第一代传戒坛主。碑现立于戒台寺。

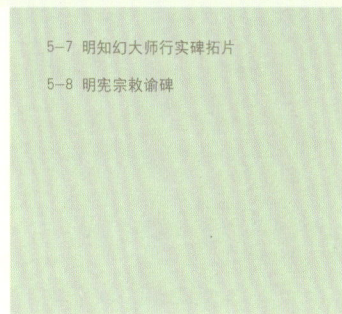

5-7 明知幻大师行实碑拓片

5-8 明宪宗敕谕碑

5-7

戒台寺内有几通古碑，刻有明清及民国时期的禁采煤措施，对保护戒台寺起到了重大作用，使戒台寺及周围环境的原始风貌得以保存。

明宪宗敕瑜碑，明代朝廷于明宣德九年（公元1443年）至明正统五年（公元1440年），出巨资修缮戒台寺，英宗赐名"万寿禅寺"。宪宗又降旨划定该寺四至，禁止挖窑，破坏山林，骚扰僧众，以保护戒台寺免遭人为的毁坏。明宪宗敕谕碑在戒台寺钟楼北侧，额雕二龙戏珠，篆"敕谕"，碑身四周雕行龙、云纹，碑文楷书，文字清晰。

"皇帝敕谕官员、军民、诸色人等，朕惟佛教肇自西方，流传东土，慈悲利济，功德无量，故皇度赖之尊，安群迷资其觉悟，自昔有国家者，未尝不崇奉焉。都城之西有胜刹，曰'万寿禅寺'，实古迹道场，天下僧俗受戒之处。正统年间鼎新修建，仍旧开立戒坛，导诱愚蒙，使皆去恶为善，迩来四十余年矣。其界东至石山儿，西至罗堠岭，南至南山，北至车营儿。山林、田园、果树、土产，递年给办香火供献之用。近被无籍军民人等，牧放牛马，砍伐树株，作践山场，又有恃强势要私开煤窑，挖通坛下，将说戒莲花石座并拆难，殿积

明宪宗敕谕碑

皇帝敕谕官员军民诸色人等

朕惟佛教肇自西方流传东土慈悲利济功德无量故皇度赖之尊安群迷资其觉悟自昔有国家者未尝不崇奉焉都城之西有胜利曰万寿禅寺实古迹道塌天下僧俗受戒之处正统年间鼎新缮建仍旧开立戒坛导诱愚蒙使皆去恶为善通来四十余年兵其界东至石山兒西至罗堆岭南至车营兒山林田园果树土产逃年给办香火供献之用近被无藉军民人等牧放牛马砍伐树株作践山场又有恃强势要私开煤窑窃通坛下将说戒莲花石右座并折难启积渐坼动司设监太监王永具悉以闻特降敕护持之陞住持僧德令为僧录司右觉义仍兼本寺住持俾朝夕领众焚修祝赞为多人造福今后官员军民诸色人等不许侮慢欺凌一应山田园果林木不许诸人骚扰作践煤窑不许似前它掘敢有不遵朕命故意扰害沮坏其教者悉如法罪之不宥故谕

成化十五年六月二十二日

渐坼动。司设监太监王永具悉以闻，特降敕护持之，升主持僧德令为僧录司右觉义，仍兼本寺住持，俾朝夕领众焚修祝赞，为多人造福。今后官员、军民、诸色人等，不许侮慢欺凌，一应山田园果林木，不许诸人骚扰作践，煤窑不许似以前挖掘。敢有不遵朕命，故意扰害、沮坏其教者，悉如法罪之不宥，故谕。成化十五年六月二十二日。"

5-9 明宪宗敕谕碑拓片

5-10 明重修万寿寺捐资提名碑

明重修万寿禅寺戒坛碑，碑额雕二龙戏珠，额篆"重修万寿禅寺戒坛记"。龟趺座。碑高2.3米，宽1.05米。厚0.34米。明嘉靖三十五年岁次丙辰（公元1556年）夏吉日立。楷书16行，满行48字。赐进士出身翰林院侍读东里高拱撰文。主要记述御书太监马公等人，重建戒坛及打井、修路之事宜。碑立戒台寺天王殿前。

明修万寿禅寺殿宇僧廊捐资碑，碑汉白玉质，浮雕二龙戏珠，额篆"万古流芳"。龟趺座。碑高3.5米，宽1.11米，厚0.35米。明嘉靖四十四年（公元1565年）岁次乙丑孟夏吉日立。楷书18行，满行37字。此碑字迹清晰，字口修利，保存完好。碑阳刻东厂监捐资修万寿禅寺殿宇僧廊，立碑刻名以示后人，碑阴刻僧名。现立戒台寺钟鼓楼院。

明重修万寿禅寺戒坛碑
明修万寿禅寺殿宇僧廊
捐资碑

5—10

重修萬壽禪寺戒壇記

賜進士出身翰林院侍讀東里高拱撰

馬鞍山有萬壽禪寺者舊名慧聚蓋唐武德五年建也時有智周禪師隱跡於此以戒行稱遂清字間有僧法均同

龍壑咸稱普賢大士則建戒壇一座俾四方僧衆登以受戒至今因之我

朝宣德間司禮太監院簡復加修葺又建塔四碑四而請知幻大士名道孚者住主其教正統五年司禮太監王振奏

請更名於是

賜額萬壽禪寺又

詔取無際大方等十人為傳戒宗師開壇說戒而茲寺盜為盛矣歷歲院久復就傾圮神樓弗伍徒旅窘倚乃御馬太監馬公

等發覺重建壇內五殿暨大雄殿天王殿十佛閣金剛伽藍祖師堂鐘皷二樓皆撤而新之而又翔立真武殿一禪悅堂

宗師府浴堂各一廊廡若干枊又穿井一以利朝夕修路五里以利徃來經始於嘉靖戌季春至丙辰仲夏吿竣蓋顧

者興闢者備儲數十年之遺蹟煥然完美者馬公之功也乃因承奉希誠王公託于記其事于閒馬公貴在貂璫受

恩弘厚而能翼翼小心敦修行誼其事者

主忠而勤其處友和而信其建下恕而慈其濟人利物常若不及今年己七十而好善之心亹亹不倦觀於此舉可知起于故

特為表述俾後之歷此者不獨考其營建之績而亦有以知其為人則馬公之令聞固可以傳之無窮也已馬公名玉字

潤鄉彌松菴順天之薊州西關廂人記之日落成日此

太明嘉靖三十五年歲次丙辰夏吉日立

5—11 明重修万寿戒坛禅寺碑拓片

5—12 清康熙御制万寿寺戒坛碑

5—13 清康熙御制万寿寺戒坛碑拓片

清康熙御制万寿寺戒坛碑，清康熙二十四年（公元1685年），康熙帝巡视西山，驻跸戒台寺，发现戒台寺周围诸山产煤，特降旨禁止采煤。碑立山门殿外，额雕双螭，碑周雕行龙，碑文满汉合璧，字迹清晰，龟趺已残。碑高3.60米，宽1.04米，厚0.34米。

"西山地接神京，岭岫缅亘，林壑深美，中多精蓝

5-13

古刹。考其历年久远，建置自唐以来者，则万寿寺戒坛为最古。寺在唐曰慧聚，明正统时始易今名。其地渡浑河而西，山径盘互，纡回而入，中复豁焉宏畅，坛殿轩翼，犹见古遗制。深山长谷，鸟可少此清严之宇，以眺揽名胜哉。朕以时巡，偶至斯地，辄为驻辇，顾近寺诸山，为产煤所。居民规利，日事疏斸。念精舍之侧，凿山采

石，良非所宜。爰命厘定四止而禁之。俾梵境长宁，旧观勿替。于以葆灵毓秀，山川当益增辉泽尔。"

清恭亲王碑，清末慈禧太后见恭亲王奕訢权力日盛，唯恐威胁到自己的地位，便寻机将其罢官。奕訢为避政治风雨，隐居戒台寺十余年。于清光绪十七年（公元1891年）立碑，碑在千佛阁遗址前，重述圣祖仁皇帝（康熙帝）之圣谕，称圣谕为"名山之护符，禅门之宝诰也"。

清御制万寿寺戒坛碑，碑额雕双螭，碑周刻行龙。龟趺座，龟趺已毁，无头。碑高3.6米，宽1.04米，厚0.34米。清康熙二十四年十二月（公元1685年）立。首题：御制万寿戒坛碑记。康熙皇帝撰文。碑文满汉合璧，13行（汉6行），满行45字。此碑保存完好，主要记述康熙二十四年，帝住戒台寺，降旨戒台寺周围禁止采煤。

5-14

5-15

5-16

清茶豆结缘斋僧圣会碑，额雕云纹，书"万古流芳"。碑高1.63米，宽0.6米，厚0.14米，边缘有破损。清乾隆八年（公元1743年）立。正文楷书8行，满行30字，人名9行。主要记述左安门诚起茶豆结缘斋僧圣会。此碑现立于戒台寺。

清广善米会功德碑，碑额雕云纹，阳额书"万古流芳"，阴额书"广善米会"。

碑高2.29米，宽0.83米，厚0.23米。清乾隆十六年（公元1751年）九月初一日旦立。楷书16行，满行36字。此碑字迹清晰，保存完好。碑阳记载：西直门广善米会发诚心愿买水园地木供奉常住，以作永远功德。碑阴记载广善米会人名。现立于戒台寺戒坛殿后。

清赐紫喆公行实碑，碑额深浮雕二龙戏珠，额篆"振

清茶豆结缘斋僧圣会碑
清广善米会功德碑
清赐紫喆公行实碑

碑

135

法标宗"，碑周刻行龙、云纹。龟趺座。碑高2.6米，宽0.97米，厚0.28米。清乾隆十六年岁次辛未（公元1751年）六月十九日立。首题：敕建马鞍山万寿大戒坛主平阳第四世赐紫喆公行实碑。光禄寺典簿觉罗吴勒三撰文并书丹，傅雯篆额。行书15行，满行65字。主要记述：紫喆公决志空门，恪尊师教，刻苦学佛，成为坛主的历程。

公俗姓仁，名成喆，号憨默，琢州人。19岁出家，清康熙年间任戒台寺住持。他"重整倾颓，剪除荒秽"，募资对寺院殿堂进行了大规模整修。当时戒台寺僧人近400，香火十分繁盛。朝廷赐其穿紫袈裟。碑立戒坛殿前。

清三元大悲圣会碑，碑额深浮雕二龙戏珠。阳额篆"万古流芳"，阴额篆"永垂不朽"。方碑座，碑高2.36米，宽0.8米。清乾隆二十三年（公元1758年）立。首题：万寿戒坛启建三元大悲圣会。楷书16行，满行18字。此碑保护完好。碑阳记述建会事宜及圣会弟子姓名，碑阴记述三元大悲圣会引善弟子姓名。现立戒台寺戒坛殿后。

清五百罗汉碑，碑高1.25米，宽0.66米。赐进士出身内廷供奉都察院左都御史吉林观保书，赐进士出身山西布政使司布政使前日讲起居注官翰林院侍读学士大兴朱珪撰文。清乾隆三十八年（公元1773年）六月立。楷书36行，满行20字。碑保存较好。主要记述戒台寺建五百罗汉尊者像，6年后告成。此碑嵌在戒台寺明王殿北侧墙上。

清新春如意老会碑，碑额雕云纹，书"新春如意老会"。碑高1.63米，宽0.63米，厚0.15米。头品荫生镶黄旗汉军卢知命书丹。清乾隆三十九年（公元1774年）立。行书23行（正文9行，余为人名），满行28字。此碑下部缺一块。主要记载新春如意老会进香情况。

清三元大悲圣会碑

清五百罗汉碑

清新春如意老会碑

5-17 清五百罗汉碑

5-18 清五百罗汉碑拓片

5-18

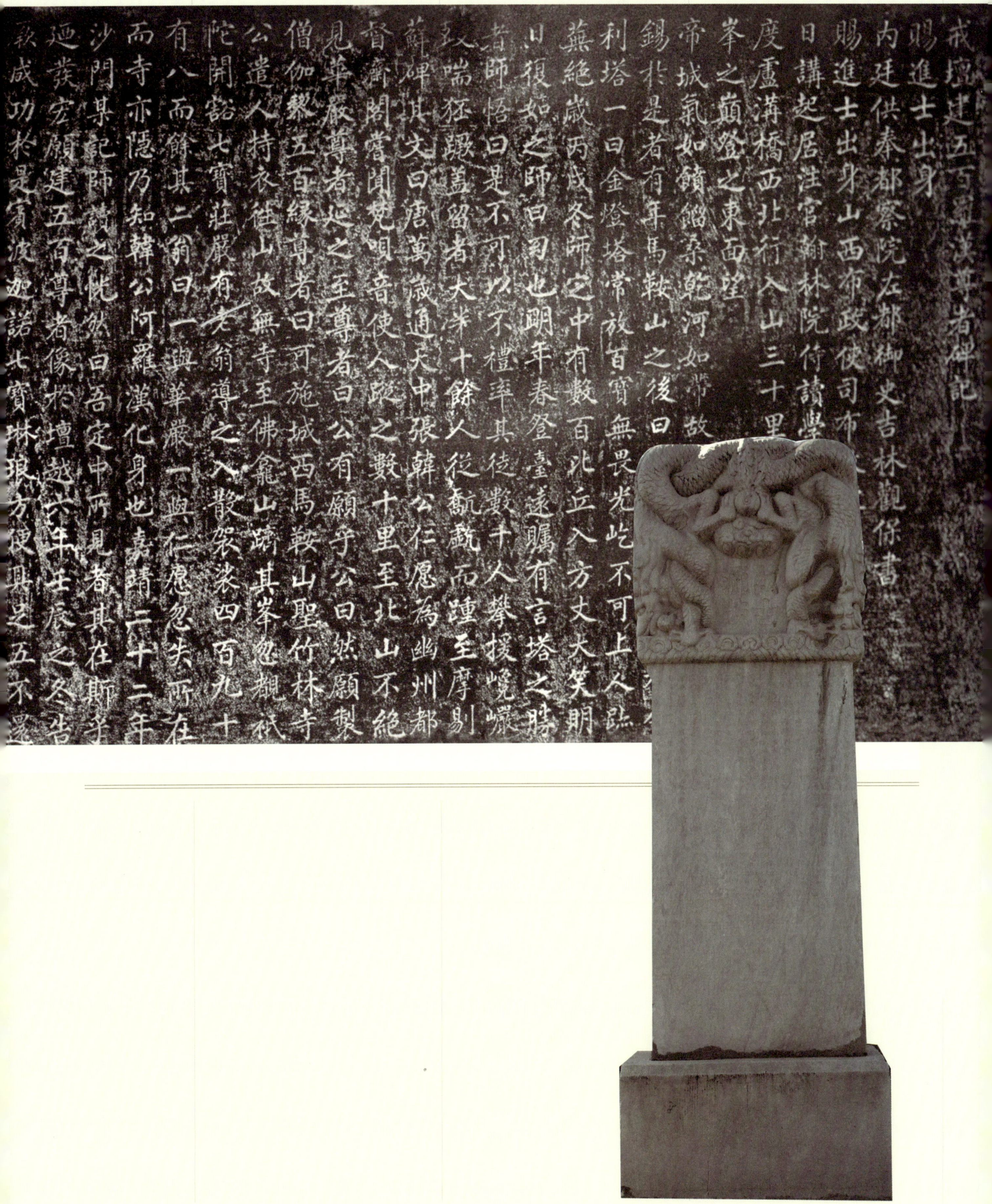
戒壇建五百羅漢尊者碑記
賜進士出身
內廷供奉都察院左都御史吉林觀保書
賜進士出身山西布政使司布
日講起居注官翰林院侍讀學
度盧溝橋西北行入山三十里
峯之巔登之東面望
帝城氣如鎖鑰系乾河如帶故
錫於是者有耳馬鞍山之後曰
利塔一曰金燈塔常放百寶無畏光屹不可上人跡
燕絕歲丙戌冬師之中有數百北丘入方丈大笑朋
日復如之師曰可也翌年春登臺遠矚有言塔之勝
者師悟曰是不可以不禮率其徒數十人攀援巉巖
致喘猱猿躡蓋留者大半十餘人從亂亂而踵至摩剔
蘚碑其文曰唐萬歲通天中張韓公仁愿為幽州都
督齋閣嘗聞梵唄音使人蹤之數十里至北山不絕
見華嚴尊者延之至尊者曰公有願乎公曰然願製
僧伽黎五百緣尊者曰可施城西馬鞍山聖竹林寺
公遣人持衣往山故無寺至佛龕山蹊其峯忽覩祇
陀開豁七寶莊嚴有老翁導之入散袈裟四百九十
有八而餘其二翁曰一與華嚴一與仁愿忽失所在
而寺亦隱乃知韓公阿羅漢化身也嘉靖二十二年
沙門某記師讀之恍然曰吾定中所見者其在斯乎
廼發宏願建五百尊者像於壇越六年壬辰之冬告
竣咸功於是賓波迦諾七寶琳琅方便興是五不還

5—17

清捐赠旗杆碑，碑额雕云纹，书"万古流芳"。碑高1.93米，宽0.74米，厚0.18米。清乾隆三十九年（公元1774年）立。此碑风化严重，字迹不清。楷书12行，满行22字。碑阳记山西人游历戒台寺时，见寺内没有旗杆，发愿捐助，碑阴记载捐资芳名。现立戒台寺天王庙前。

清众信士舍地碑，碑高0.73米，宽1.44米。清乾隆四十一年（公元1776年）四月立。楷书正文5行，满行21字，人名8行。此碑风化严重，字迹不清。主要记载众香会给戒台寺舍地。碑嵌在活动松旁墙上。

清右安门秉心如意老会碑，碑圆首雕云纹，阳额篆"万古流芳"，阴额篆"永垂不朽"。清乾隆四十六年（公元1781年）辛丑八月且立。

楷书18行，满行30字。保存基本完好。首题：京都顺天府宛平县右安门内外众善诚起秉心如意老会年例八月前到潭戒二山呈供拈香，办斋供众。碑阳记载秉心如意老会会员名单，碑阴记载嘉庆三年会员芳名。现立于戒台寺。

清乾隆诗碣，回顶四方石柱形，高约1米。清乾隆四十八年（公元1783年）立。

清捐赠旗杆碑
清众信士舍地碑
清右安门秉心如意老会碑
清乾隆诗碣

南、北、东三面各刻有一首乾隆皇帝赞咏活动松的诗。其中一首已字迹模糊，另两首字迹清晰。此碑原在千佛阁前，清光绪年间迁到活动松下。

永垂不朽

清永定门大悲圣会碑，清乾隆六十年（公元1795年）立。此碑大面积剥落。主要记述大悲圣会弟子名单。

清永定门观音老会碑，清乾隆六十年（公元1795年）四月十七日立。楷书10行。碑边缘破损。主要记述观音老会信士弟子名单。

清大悲随心圣会碑，额书"大悲随心圣会"。清嘉庆五年（公元1800年）三月二十三吉日立。楷书34行，满行35字。此碑基本完好。首题：兹因前三门内外众善呈起大悲随心万古流芳碑记。主要记述大悲随心圣会会员姓名。

清财神老会碑，清嘉庆丙寅十一年（公元1806年）立。正文楷书4行，人名7行，满行50字。主要记述财神老会每年到西山供奉香火。

清永定门大悲圣会碑
清永定门观音老会碑
清大悲随心圣会碑
清财神老会碑

5-23 清御制万寿寺戒坛碑

5-24 龟趺龙纹浮雕

5-25 龟趺特写

5-23

清修五百罗汉堂碑，碑额雕浅云纹,书"永垂不朽"。碑高 2.06 米，宽 0.59 米，厚 0.14 米。清道光十七年谷旦（公元 1837 年）立。楷书 15 行，满行 32 字。此碑保存完好。主要记载陈金彩等信士弟子，发宏愿捐资转募，重敷丹，再整全身。碑立戒坛殿后。

　　清重修罗汉像檀越题名碑，额书"因果不昧"。戒台寺主持真祥书，清道光十八年（公元 1838 年）八月立。楷书 20 行。此碑基本完好，记载全部为人名。

　　清大悲圣会修桥路碑，碑额雕云纹，书"永垂不朽"。碑高 1.38 米，宽 0.52 米，厚 0.1 米。楷书 15 行，满行 27 字。此碑边缘有破损。清道光二十二年（公元 1842 年）四月二十二日立。主要记述大悲圣会旗民砌路修桥，碑左为捐资人名。现立于戒台寺。

清修五百罗汉堂碑
清重修罗汉像檀越题名碑
清大悲圣会修桥路碑

5—25

5—24

清重修万寿寺戒坛碑，碑额深浮雕二龙戏珠，碑周雕行龙。碑高 3.13 米，宽 0.96 米，厚 0.3 米。楷书 14 行，满行 31 字。清光绪十七年（公元 1891 年）立。首题：重修万寿寺戒坛碑记，皇六子和硕恭亲王奕訢敬撰并书。主要记述住持僧妙性修建千佛阁、罗汉堂、戒坛事宜。碑立戒台寺千佛阁遗址前。

清重修万寿寺戒坛碑
清五显财神圣会修庙碑

5-26 清重修万寿寺戒坛碑拓片
5-27 民国徐世昌戒台寺碑

清五显财神圣会修庙碑，碑圆首，额浅雕云纹，书"万古流芳"。碑高 2.03 米，宽 0.64 米，厚 0.16 米。楷书 9 行，满行 30 字。清光绪三十二年（公元 1906 年）八月二十四日立。主要记载五显财神圣会捐巨款修殿宇整塑佛像之事宜。碑立戒台寺明王殿北侧。

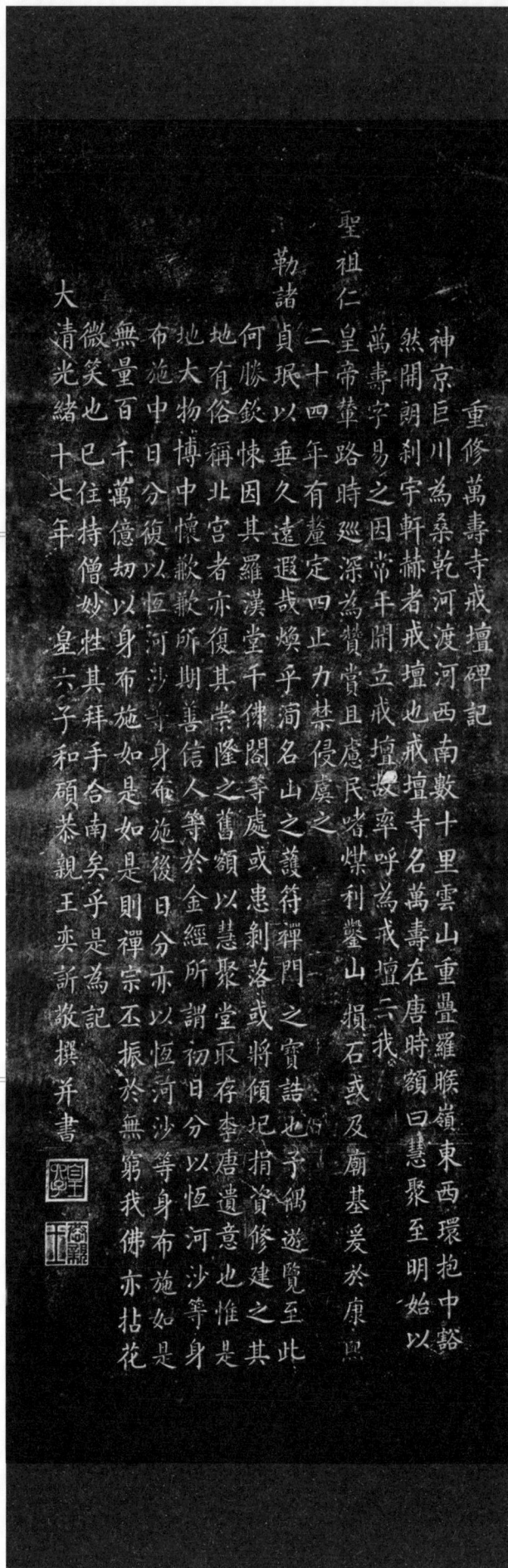

重修萬壽寺戒壇碑記

神京巨刹川為桑乾河渡河西南數十里雲山重疊羅睺嶺東西環抱中豁

然開朗者戒壇也戒壇寺名萬壽在唐時額曰慧聚至明始以

萬壽輦字易時巡常年開立戒壇故率呼為戒壇云我

聖祖仁
皇帝鑾路之因深為賞賞且慮民皆煤利鑿山損石或及廟基爰於康熙

二十四年有釐遐邇咸歎煥乎簡名山之護符禪門之寶詰也予俶遊覽至此

貞珉以垂久遠哉羅漢堂千佛閣等處或患剝落或將傾圮捐資修建之惟其

何勝悚懼因其舊額以慧聚堂取李唐遺意也惟是

地大物博中懷歎歉所期善信人等於金經所謂初日分亦以恒河沙等身

布施也百千萬億劫以身布施後日分復以恒河沙等身布施如是

勒諸
無量笑也巳住持僧妙性

微笑也巳光緒十七年
然則禪宗丕振於無窮我佛亦拈花

大清光緒十七年住持僧妙性 皇六子和碩恭親王奕訢敬撰并書

5—26

民国徐世昌戒台寺碑，民国时期军阀混战，社会动荡，对古迹的破坏十分严重。由于当时一些政界要员出面干预，使戒台寺避过灭顶之灾。徐世昌戒台寺碑立于千佛阁遗址前，汉白玉质，额深浮雕二龙戏珠，碑周雕行龙，碑文行书，文字秀美有王体风格。碑高3.1米，宽0.9米，厚0.3米。行书18行，满行47字，首题：戒台寺

民国徐世昌戒台寺碑
民国戒台寺禁井记碑

碑文，天津徐世昌撰并书。

就在戒台寺禁井记碑颁令的第二年，又有不法之徒在戒台寺地界内私自采煤，于是李国杰、张勋、张作霖、曹汝林等46人联名呼吁，重申戒台寺周围禁止采煤，并立"戒台寺禁井记碑"。碑立戒台寺天王殿前北侧，额雕云纹，额篆"戒台寺记"。方座，碑高2.3米，宽0.9米，厚0.26米，碑文隶书，

字迹清晰。

　　"北地土厚水深，山多童赭，凡树木鬯蔚，号为名胜之区，则必有源泉伏焉。如京师西山戒台寺之以松胜，盖其尤著者也，松之名不一，曰'卧龙'、曰'九龙'、曰'自在'、曰'抱塔'类，皆支离怪伟，莫能名壮。此外，如幢如盖；及具人物、鸟兽之象者，殆不胜其指数。其所以长养，若是其功皆恃乎泉。故建寺以来，历唐至今，官皆为之营护，界址所届严禁凿矿，所以保泉脉也。比岁以来，屡有人私行采煤，畚锸所及，树多枯槁，甚至香积汲井皆苦智渫，主僧达文患之，乃告诸官……。去岁李君国杰等复呈请有司，据案申禁，并于四至刊立界石。从此灵泉不竭，在山益清，老松多姿。阅世无极，吾知名蓝胜概，必与太行元气并垂无穷。"

　　明清帝王及民国总统的禁采煤措施，对保护戒台寺起到了重大作用，使戒台寺及周围环境的原始风貌得以保存。

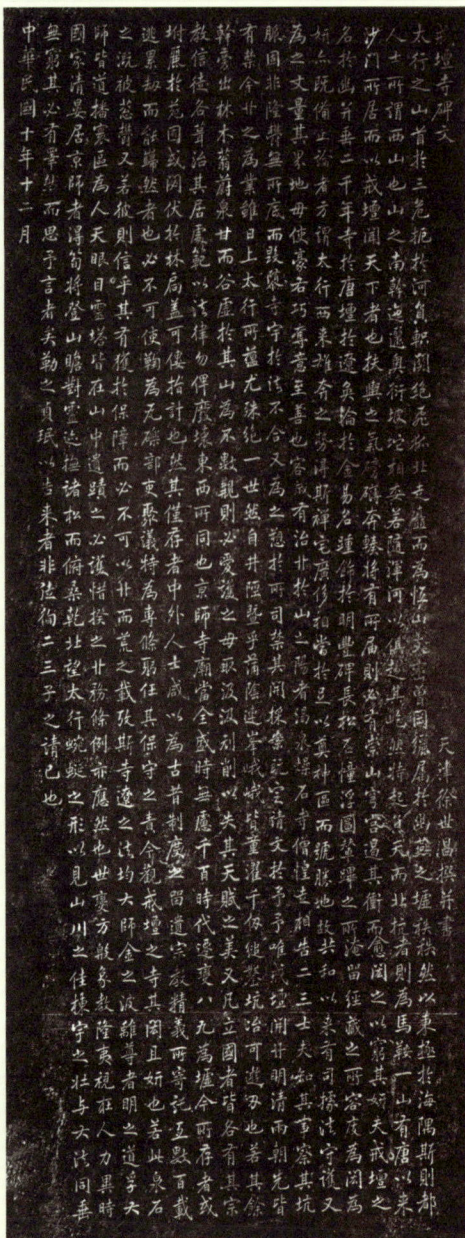

5-28

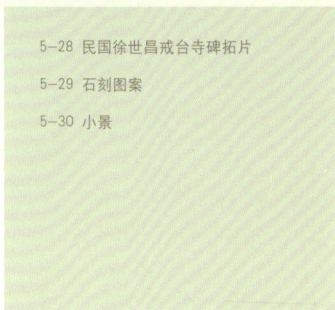

5-29

5-30

民国重修山路碑
民国戒台禁止采矿碑

民国重修山路碑，碑额雕云纹，书"永垂不朽"。碑高 1.41 米，宽 0.63 米，厚 0.11 米。隶书 13 行，满行 24 字。首题：戒台寺山路碑记。主持达文立并撰文。1921 年立。主要记述主持达文以工代赈，重修山路。

民国戒台禁止采矿碑，碑额雕云纹，额篆"戒台寺记"。碑高 3.3 米，宽 0.89 米，厚 0.26 米。隶书 12 行，满行 26 字。白廷夔撰并书，1922 年立。此碑保存完好，碑阳记述主持僧达文呼吁禁凿井，保护戒台寺古松。碑阴有张作霖、张勋、曹汝林等人的签名。碑立戒台寺天王殿北侧。

第六章

僧

智周，隋末高僧，有"释门梁栋"之称。隋朝末年，因厌倦了城市的喧嚣，来到马鞍山慧聚寺隐居修行，整修和扩建了寺院，并亲塑佛像7尊。后来"旧齿晚秀咸请出山"，"乃又从之"。智周于唐"武德五年（公元622年）七月五日圆寂"，终于大莱城南武州刺史薛任通舍，享年67岁。当年十一月二十六日，遗体被弟子法度等人迎回本山。智周名列《续高僧传》，被尊为戒台寺开山祖师。

法均，自幼出家于京西紫金寺，从非辱律师学习律学。辽清宁七年（公元1061年）春，奉诏在燕京整理佛经，"校定诸家章抄"。当年秋季，出任燕京三学寺论主，一年后，因成绩卓著，朝廷赐穿紫方袍，赐号"严慧"。任职期满后，退隐到马鞍山慧聚寺（戒台寺），辽咸雍五年（公元1069年），朝廷诏其出山，管理燕京僧务，被谢绝。法均带领僧众，广募资财，对慧聚寺进行了大规模整修，并肇建戒坛。辽咸雍六年四月，戒坛建成，法均大师开坛演戒，讲经说法"自春至秋，凡半载，日度数千辈。半天之下，老幼奔走，疑家至户到"。连相邻的诸邦百姓，皆仰望其

智 周
（公元556—622年）

法 均
（公元1021—1075年）

裕 窥
（公元？—1116年）

悟 敏
（公元1057—1141年）

悟 铢
（公元？—1154年）

万 松
（公元1166—1246年）

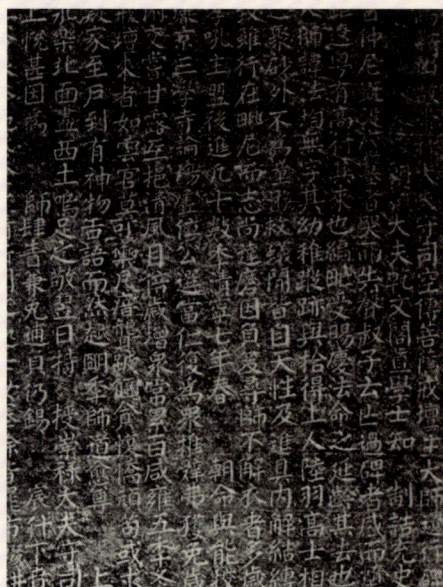

6-1

名，前来求受戒法。"至有邻邦父老，绝域羌军，并越立竟冒刑，捐躯归命"。同年十二月，辽道宗召见法均，"因旨阙再传佛制"，而受到辽道宗的嘉奖，并被授以"崇禄大夫守司空"。最重要的是辽道宗把自己亲手抄写的金字《大乘三聚菩萨戒本》授予了法均，此后一直由戒台寺住持坛主世代相传，直到元代中期才流失到了寺外。法均声望日高，各地佛教徒皆邀其前往传戒，"乃受西楼、白沟、柳城、平山、云中、上谷泉、本地紫金之请，所到之处，士女塞途，皆罢市辍耕，忘馁与渴"。长城内外，太行东西，足迹所到，备受欢迎。"前后受忏称弟子者，五百余万，所皈僧、尼称是。"其影响之大，在燕京地区，"自古及今，未之有也"。辽大康元年（公元1075年）三月初四，法均在戒台寺圆寂，佛门尊号"普贤"，四月二十日在北峪（西峰寺）火化，五月二十日在方丈院（后花园）建塔。

裕窥，法均大弟子，第二代住持坛主，朝廷封以"检校太尉"。受忏弟子五百万。后于辽天祚帝天庆六年（公元1116年）圆寂，葬于现牡丹院西坛外。现存盛放骨灰的石函。

6-1 法均大师碑文拓片
6-2 法均大师塔

僧

151

悟敏，临潢（今内蒙巴林左旗）人，俗姓孙，辽咸雍年间，拜法均为师，其后又从律宗高僧通理、寂照大师学习戒法，颇有所得。辽天庆六年（公元1116年）其师兄裕窥寂化，将辽帝御制戒本传给他，遂成为辽代律宗的代表。3年后，天祚帝赐其紫服，德号"传戒大师"。他广为宣扬佛法，"主大道场凡二十有二"，开坛

受戒者500万人。金熙宗时，因年老而将御制戒本传给同门师弟悟铢，继续弘扬律宗之学。悟敏"乃遁居山林，养心绪性"。金皇统元年（公元1141年）七月十八日圆寂，建塔于西北塔林。

悟铢，戒台寺第四代住持坛主，曾任燕京管内右街僧录。受金熙宗召见，赐穿紫袈裟，赐德号"传菩萨戒文悟大师"。金贞元二年（公

6-3 悟敏大师行实碑

6-4 月泉和尚塔幢拓片

元1154年）圆寂。

万松，河南沁县人，先后拜胜默光公、雪岩满公为师，学曹洞宗之禅学，后至中都，住戒台寺，又自建从容庵。金明昌四年（公元1193年），金章宗诏其进宫讲法，并大行佛事。金承安二年（公元1197年），命其为仰山栖隐寺住持。蒙古军攻占中都（北京）后，隐居于报国寺从容庵，元开国宰相耶律楚材是其俗家弟子，他教导耶律楚材"以儒治国，以佛治心"，时人称其"儒释兼备，宗说精通，辨才无碍"。万松对当时佛教界及政界都有很大影响。著述极多，有《评唱天章觉和尚颂古从容庵录》、《评唱天童拈古请益后录》、《祖灯谱》、《释氏新闻》、《万松老人万寿语录》、《禅说》、《净土语录》等，是金元两代著名的佛学大师。

月泉，俗姓郭，名同新，字仲益，号月泉，房山太平里人，12岁在戒台寺出家，拜坚公长老为师，后到大都各大佛寺游历，先后向大都的安方禅师和磁州大明禅师学习佛法。至元初年应请任戒台寺住持。在此期间，他整修寺院，"增修产业"，种植树木，"开堂演法"，被后人称为"中兴祖道，法海之游龙"，"嗣续门风之一杰"。

月 泉
（公元？－1285年）

知 幻
（公元1401—1456年）

德 默

成 喆

度 博

6—4

明戒臺知幻律師

6-5 知幻大师画像
6-6 十八罗汉塑像（1921年拍摄）
6-7 五百罗汉塑像（1921年拍摄）

至元六年（公元 1269 年），月泉奉大元帝师法旨，任济南灵岩寺住持，至元二十二年五月初一圆寂，分灵骨建三塔，其中一处在戒台寺下院西峰寺，民国初期移至戒台寺内，现立于戒坛院前。

知幻，俗姓刘，名道孚，字信庵，自号知幻。7 岁在南京灵谷寺出家，拜庆叟和尚为师，后到天童寺，从律宗高僧观公长老学习律学。

"传《唯识》大义，通《涅槃》大旨"，颇有所成。后随观公进京，"出人禁中，翼翼勤慎，始终如一"，颇得宣宗皇帝赏识。明宣德二年（公元 1427 年），宣宗赐"西衣茜服"。知幻书法造诣很高，宣宗夸赞其胜过内阁中书。宣宗请知幻在宫中讲经说法，"敷演瑜伽华梵，阐扬三乘真诠，上为改容坐听，击节叹赏"。明宣德四

年，知幻传法江南，后又西游五台山。宣德九年任戒台寺钦命住持坛主。朝廷拨款，由知幻主持，对戒台寺进行了长达 7 年的大规模整修。明英宗赐寺名"万寿禅寺"，诏知幻进京讲法，封其为僧录司左讲经。见其"仪表雄特，顶额隆起"，而戏称其为"凤头和尚、鹅头禅师"。从正统六年到正统八年，知幻又主持重修戒坛大

殿，明正统十三年重修法均大师塔。明景泰七年（公元1456年）六月十日，知幻在戒台寺圆寂，景泰帝遣官谕祭，建塔于寺东南塔院。

德默，明天顺年间任戒台寺住持。明英宗天顺八年（公元1464年）主持铸造幽冥大铁钟。高3.2米，下口直径2.2米，声音可传十数里。朝廷授其"僧录司右觉义"之职。

成喆，号憨默，涿州人。19岁学习佛法，游历四方，学有所成，声望日隆。清康熙五十六年（公元1717年），奉旨任戒台寺住持。"重整倾颓，剪除荒秽"，募资对寺院殿堂进行了大规模整修。戒台寺香火繁盛，"佛号经声，六时无间，过者争停车马，抠衣蹑足，上山瞻礼"。成喆住持戒台寺40余年，终日操劳，"岁无虚日"，朝廷赐穿紫袈裟。

度博，清乾隆年间任戒台寺住持，清乾隆三十八年（公元1773年）主持建造五百罗汉堂，内塑五百罗汉像。

6—6

6—7

明池，戒台寺高僧，平生诵《药师经》，昼夜不息。清光绪十六年（公元1890年）冬月圆寂。后人考其度牒，明池16岁到戒台寺剃度受戒，至圆寂时享年128岁，是戒台寺僧人中有史以来最长寿者。

实山，原为石匠，在戒台寺门前雕刻石狮子时，每凿一钻，即念佛一声，以表示虔诚。完工之后，实山在戒台寺出家为僧，发愿10年闭口不语，以忏悔自己过去的罪过。大愿圆满之后，外出遍游天下名山。后回到戒台寺，居住在后山极乐洞中，长发可以绕臂。清光绪十一年（公元1885年）五月十一日圆寂，享年73岁。

德成，江苏人，在江西铅山县乌峰山出家，后云游至戒台寺，在寺院后山极乐洞苦修，9年不下山。冬夏只穿一件破僧衣，常入定数日不饮不食。被京城人士认为是得道高僧，声望极高。1923年圆寂，黎元洪亲自到戒台寺参加荼毗礼，并为其亲笔撰写了碑文。

妙性，清光绪年间任戒台寺住持，人称"妙老人"。与恭亲王一家三代私交甚厚。与京剧泰斗谭鑫培有20余年的方外之交，并为谭鑫培授了"居士戒"，还把位于栗园庄的12亩香火地出让给谭鑫

明 池
（公元1762－1890年）

实 山
（公元1814－1885年）

6-8 戒台寺方丈妙性法师
（1921年拍摄）

6-9 戒台寺僧人（1921年拍摄）

6-10 山门

培作为百年吉地。

达文，妙性弟子，民国初年任戒台寺住持。1921年，京西大旱，粮食欠收。达文召集附近灾民修建戒台寺前香道，以工代赈，用粮食抵工钱，帮灾民度过了灾荒。1922年，因寺院附近有人开矿采煤，达文向社会呼吁，并提请北洋政府禁止开矿采煤，保护戒台古寺。

6-8

6-9

德 成
（公元？－1923年）

妙 性

达 文

附录

大事记

隋开皇年间

（公元 581–600 年）

戒台寺的前身慧聚寺创建于马鞍山。

隋代

智周和尚到马鞍山慧聚寺，对寺院进行了整修和扩建，亲塑佛像。

辽咸雍年间

著名的律宗大师法均和尚来到已荒废多年的慧聚寺，广募资财，用 1 年多时间，对慧聚寺进行了大规模的整修，并在寺内修建了一座供说法传戒用的大戒坛。

辽咸雍六年

（公元 1070 年）四月

法均在慧聚寺开坛授戒。受戒人士来自辽、宋各地。当年冬，道宗皇帝将手书金字《大乘三聚戒本》授予法均。慧聚寺自此被公认为律宗弘法中心。

辽大康元年

（公元 1075 年）

法均逝世。慧聚寺于当年及明大康三年（公元 1077 年）先后为法均建两座石经幢，立于寺内。

金天会十三到十五年期间

（公元 1135–1137 年）

熙宗皇帝敕赐慧聚寺住持悟铢"传菩萨戒文悟大师"尊号并赐紫衣。

元皇庆二年

（公元 1313 年）

月泉和尚任戒台寺住持，整修寺院，"增修产业"，种植树木，绿化荒山。

明宣德九年

（公元 1434 年）

皇帝批准了王振等人的奏请，拨出重金，委派著名的律宗高僧知幻为戒台寺钦命住持，主持对戒台寺长达 7 年的大规模整修。

明正统五年

（公元 1440 年）

英宗改慧聚寺为"万寿禅寺"，并赐寺额，命知幻开坛演戒，并任命无际、大方等10 名高僧为传戒宗师。

明成化十三年

（公元 1477 年）

由朝廷出资，再次对戒坛大殿等殿堂进行了长达两年的维修。

明成化十五年

（公元1479年）六月二十二日

宪宗皇帝应司设监太监王永的奏请，写下敕谕，为戒台寺划定了四至，明令对戒台寺进行保护，并加封戒台寺住持德令为僧录司右觉义，将敕谕镌刻成碑，立于寺中，将戒台寺置于了皇家的保护之下。

明嘉靖二十九年

（公元 1550 年）

御马监太监马玉出资，再次对戒台寺进行了为期七年的大规模整修，除维修主要殿堂外，还开凿了水井，配置了辅助设施。明万历年间，神宗皇帝和后妃，以及内宫太监、达官显贵们不断出资，维修寺院，置办供器，添加庙产，并在寺外古香道上修建了一座石牌坊。

明天顺至万历年间

（公元 1457–1620 年）

开凿石佛村摩崖造像。

明嘉靖三十五年

（公元 1556 年）

重修戒台寺戒坛。

明嘉靖三十九年

（公元 1560 年）

在戒台寺极乐峰下建石结构密檐塔，塔身遍雕佛像。

明万历二十七年

（公元 1599 年）

在戒台寺外建石牌坊，清光绪十八年（公元 1892 年）重修。

清康熙二十四年

（公元 1685 年）

圣祖皇帝驻跸戒台寺，题匾额、楹联，并撰《御制万寿寺戒坛记》，禁止越界采煤，损坏文物古迹。

清康熙五十四年

（公元 1715 年）

康熙皇帝命高僧成喆为戒台寺钦命住持，赐穿紫袈裟。在此期间，成喆募集资财，再次对寺院进行了整修，此时戒台寺有僧 400 余人。

清乾隆十八年

（公元 1753 年）

高宗游幸戒台寺，撰《初至戒台六韵》诗。此后，万寿禅寺俗称"戒台寺"。

清乾隆二十九年

（公元 1764 年）

高宗撰《咏活动松》并刻石。

清乾隆三十八年

（公元 1773 年）

戒台寺建五百罗汉堂，朱珪撰碑记。

清乾隆四十四年

（公元 1779 年）

高宗再撰《戏题活动松》并刻石。

清乾隆四十八年

（公元 1783 年）

高宗撰戒台寺《活动松有警》并刻石。

清乾隆五十三年

（公元 1788 年）

高宗游幸戒台寺，为寺内多处题匾、联。

清光绪十年

（公元 1884 年）

恭亲王奕訢到戒台寺"养疾避难"，留住长达 10 年之久。奕訢出资，整修了寺内的部分殿堂，把自己所住的北宫院修饰一新，广种牡丹，亲笔题额"慧聚堂"，俗称"牡丹院"。此外奕訢还出资为戒台寺赎回了一座庄院，土地 7 顷有余。

1921 年

徐世昌撰《戒坛寺碑文》并刻石，明令"禁止开挖采煤，保护戒台古刹不被破坏"。

1922 年

张作霖、张勋等人签名《戒台寺禁井记》，刻石立碑。

1923 年

黎元洪亲临戒台寺参加住持德成葬礼，并撰碑文。

1956 年 8 月 17 日

戒台寺由北京市园林局接管，经过简单整修后，开辟为园林古迹公园。

1957 年 10 月 28 日

戒台寺被列为北京市第一批重点文物保护单位。

1959 年

朱德委员长前来视察时指出："大雄宝殿后檐坍塌部分及半山上小观音洞几栋破殿，应加修整。不要认为这不过是个古庙而不感兴趣，要好好经管，这个地方是有发展的。"遵照朱德委员长的指示，戒台寺对破损的殿堂进行了一些小规模维修。

1964 年 9 月 23 日

北京市人大常委会第二次会议决定，将戒台寺内年久失修的千佛阁，实行落架保护。1965年千佛阁拆卸完毕，1000 多方木料就地封存，阁内大铜佛被运走，千余尊小佛像也做了处理。

1977 年

北京市政府决定修复戒台寺，从 1979 年开始组织人力进行准备工作，1980 年投资 350 万元，开始进行大规模整修。整修天王殿并进行了油饰，对钟鼓二楼挑顶翻修，将院中的幡杆座归安。拆除了大殿前的 8 间北配房，添补了其余 7 间，将南配房挑顶翻修并重新进行了油漆彩绘，在大殿西侧砌筑了院墙。对大雄宝殿进行了挑顶，恢复乾隆手书"莲界香林"匾额，整修月台，此外还整修了牡丹院和戒坛院。

1981 年

塑佛像 13 尊。找回流失的太平缸 1 口，安置在大雄宝殿月台上。在大雄宝殿内恢复汉白玉佛座，并从市文物局调运铜三世佛，配置了供桌、供器和幔帐。

1982 年

粘接修整石碑 23 块，并重新立于寺中。制作匾额 7 块，整修供桌 9 个，添置幔帐 744 米，栏杆 291 米，维修了南宫院、牡丹院、地藏院、方丈院等建筑，栽种经济性和观赏性树木共 4568 棵，养护古树木 163 株。

1982 年 7 月

北京市人大常委会通过《北京市建设总体规划方案》，将戒台寺列为重点建设的旅游景区。

1982 年 8 月 1 日

戒台寺进行试开放，开始接待游人，同年 12 月 25 日正式对外开放。

1983 年

修砌院墙、台阶，找回流失的明代铜焚炉，安置在戒坛院内。

1984 年

重点维修戒坛殿，请来第四代"泥人张"张铭先生，重塑 113 尊戒神像。重修大钟亭、法均和尚墓塔及衣钵塔。

1990 年 4 月

请来北海公园高级工程师对卧龙松进行了清理、消毒和粘贴假皮。对抱塔松中空的树膛采取了清理腐烂物、填充、消毒和加固假皮等保护措施。

1996 年 12 月 25 日

国务院公布第四批全国重点文物保护单位，戒台寺名列其中。

1997 年 6 月 16 日

戒台寺出土裕窥大师石函。

1997 年 12 月 31 日

僧团进驻戒台寺。

1999 年

对真武殿、牡丹院西房进行了基础加固落架修缮。

2000 年

对牡丹院进行室内保护修缮。

2001 年

对牡丹院、上院、下院、方丈院进行落架大修。

2002 年

对大悲殿配殿、耳殿、真武殿进行落架大修。

2004 年

戒台寺滑坡地质灾害整治工程开始动工。

2004 年

国家旅游局颁布戒台寺为国家 AAAA 级旅游景区。

2004 年

北京市旅游局颁布戒台寺为北京市风景名胜区。

2005 年

政府出资 318 万元的为民办实事工程"戒台寺消防水机井"建设工程开工。2006 年
2 月 1 日工程完工并投入使用。

2006 年 9 月 10 日

国家投资 270 多万元改造戒台寺污水管道工程完工。

2006 年 10 月 24 日

戒台寺滑坡地质灾害整治工程一期保寺工程完工。

2006 年

筹集善款资金 170 多万元, 按照《门头沟文物志》记载, 从 2006 年 9 月至 2007 年 4 月, 恢复了戒台殿的历史原貌, 按照故宫最高等级将破损水泥地面更换为金砖墁地、释迦牟尼佛像更换为铜质鎏金、铸造了 3 个铜香炉、1 口铜钟和潮绣幢幡等。并于 2007 年"五一"重新对游客开放。

2007 年 4 月

筹集善款资金 300 多万元, 恢复了戒台后面的千手观音、大雄宝殿内的普贤菩萨和文殊菩萨像 (铜质鎏金); 恢复了天王殿院内的两根龙柱汉白玉旗杆; 重塑了观音殿的观音铜像; 对大雄宝殿、戒台殿、山门殿、天王殿、钟鼓楼、观音殿、伽蓝殿等殿堂进行了整修。

2007 年 9 月 9 日

戒坛大殿重塑释迦牟尼佛铜像开光。

2008 年

筹集善款资金 100 多万元, 修缮平整大雄宝殿, 天王殿及山门院落。

4 月 筹集善款资金 150 万元, 复建大雄宝殿两侧 14 间配房, 使其恢复了历史原貌。

2009 年

筹集善款资金 100 多万元, 修缮山门殿、天王殿并更换殿内佛龛和佛像。

2010 年

筹集善款资金 600 多万元, 五百罗汉堂落架重修。

7 月 15 日 戒台寺筹款主办, 以戒台寺方丈妙有法师为首的一行: 北京市佛教协会副会长潭柘寺方丈释常道法师等共计 12 人组成代表团, 前往西藏自治区尼木县为当地的佛教寺院捐款 20 万元。

2011 年

筹集善款资金 50 多万元, 修缮上院。

2012 年

筹集善款资金 800 多万元, 方丈院落架大修。

5 月 3 日 在门头沟区委区政府的支持下, 千佛阁重建工程启动仪式在戒台寺千佛阁遗址上隆重举行, 门头沟区委区政府和区旅游委等有关领导参加了启动仪式。

6 月 2 日 妙有法师荣膺方丈升座庆典法会在戒台大殿隆重举行, 中国佛教协会会长传印长老为妙有法师送位, 近百位佛教界高僧大德和数千名十方信众见证了升座盛典。

6月2日 《戒台寺戒神》长卷（手卷）出版发行，并获得2012年度"北京市工艺礼品大展"铜奖。

8月10日 戒台寺筹款主办，以戒台寺方丈妙有法师为首的一行：北京市佛教协会副会长潭柘寺方丈释常道法师等共计15人组成代表团，前往西藏自治区尼木县为当地的藏族贫困大学生、五保户、贫困家庭捐款20万元，同时捐赠30万元的药品。

9月15日 妙有主编《戒台寺》画册由中国民族摄影出版社出版发行。画册以图文并茂的形式全面介绍了戒台寺的历史沿革、历代高僧、建筑艺术、佛教造像和文化风貌。

2013 年

3月 戒台寺筹资150万元对地藏院进行了重新修缮、造像，使其恢复了原有的功能。（地藏院在戒台寺对外开放以来一直作为办公场所使用）。

5月 妙有主编《戒台寺五百罗汉》画册由中国民族摄影艺术出版社出版发行，发行仪式在戒台寺戒台院隆重举行，门头沟区委区政府和区旅游委等有关领导和信众参加了发行仪式。

同时五百罗汉造像认捐启动。

8月 筹措善款185万元对九仙殿进行了重修，塑像重新铸造。

9月15日 开始为来戒台寺朝拜的信众和游人提供免费午餐。

2014 年

3月10日 塔院重修26座高僧和尚塔。（戒台寺塔院自明代以来安葬了智周、法均等26位高僧大德。解放前因战乱戒台寺的法脉传承被阻断，塔院也年久失修，直到八十年代妙有法师和僧团进驻戒台寺才又延续了被阻断的法脉）。

6月1日 妙有主编《戒台寺戒神》画册由中国民族摄影艺术出版社出版发行。

7月15日 戒台寺筹款主办，以戒台寺方丈妙有法师为首的一行：北京市佛教协会副会长潭柘寺方丈释常道法师等共10人组成代表团，为西藏当雄县贫困大学生、五保户、贫困家庭捐款20万元现金和30万元的药品。

2015 年

3月1日 启动护坡抢险，改造抱塔松栏杆。

5月10日 36棵古树围栏改造更换。

7月15日 北京市佛教协会、戒台寺、潭柘寺联合中日友好医院组织发起为山西省大同市新荣区群众免费义诊，并赠送10万元药品。

10月8日 募集善款1250万元，完成五百罗汉铜像设计制作装藏和安放。

8月30日 戒台寺千佛阁主体建筑工程和彩绘竣工。戒台寺筹集善款资金400多万元，请专家按照原千佛阁内的佛像式样设计雕塑，使其恢复历史的原貌。

2016 年

5 月 筹集善款 300 万元，继续完成护坡抢险，改造抱塔松栏杆，停车场护坡改造与影壁建设和古树围栏改造更换。

6 月 1 日 全院房顶修缮工程启动。

6 月 17-18 日 由门头沟区文化委员会和门头沟区旅游发展委员会联合主办的"戒台梵音 2016 门头沟戒台寺大型实景音乐舞台剧"在戒台寺演出。

8 月 5-7 日 北京市佛教协会、戒台寺、潭柘寺联合北京中日友好医院组织发起为河北省承德市双滦区群众免费义诊，并赠送 12 万元的药品。